학교
자치경영

SCHOOL-BASED MANAGEMENT

SCHOOL-BASED MANAGEMENT

학교

SBM에서 학교 리더십, 학교 문화, 그리고 개혁의 성공으로 이어지는
잃어버린 인과 관계를 탐구함으로써 SBM의 역동적 변화 과정을 이해

김 흥 회

자치경영

S C H O O L - B A S E D   M A N A G E M E N T

한국학술정보㈜

"본 저서는 2006학년도 동국대 저서/번역 지원 연구비 지원으로 이루어졌음"

머리말

    교육입국이 많은 나라의 발전 주제가 된 것이 시사하는 바가 크다. 교육을 통한 국가 경쟁력 확보는 시장에서의 상품 경쟁보다 더 근본적인 의미를 가진다. 교육은 다양한 요소로 구성되지만 학교의 민주적이고 효과적인 민주 정치 행정 제도, 지배 구조, 그리고 경영제는 학교가 경쟁력을 확보하기 위한 기초가 된다. 이러한 맥락에서 선진 제국은 교육행정 제도를 변화시키기 위하여 많은 노력을 기울이고 있다.

    어느덧 단위학교 수준에서의 자율경영 또는 분권화 개념과 제도가 도입된지 영미권 국가에서는 20년이 다 되어가고 우리나라에도 1995년 도입되어 10여년을 넘고 있다. 이 제도의 성공에 대한 평가는 보는 이에 따라 모두 다르겠지만 극단적으로는 학교의 교육을 완전히 바꾸어 놓았다는 평가부터 오히려 학교 행정을 혼란으로 빠뜨렸다는 비판까지 다양하다. 어려운 질곡 하에서도 아직도 많은 문제점과 어려움을 겪고 있지만 나름대로 정착을 해가고 있다는 것이 일반적인 평가가 아닌가 한다. 모든 제도가 그렇듯이 그 나라의 문화 수준을 반영한다는 측면에서는 개혁과 변화의 속도에 대해서 보수적인 입장을 보이지만 새로운 제도라는 것은 제도가 도입이 되지 않은 상태와 비교한다면 변화를 가속화시키는 하나의 유인 기제가 되는 것이다.

    학교 자치 경영제에 대한 명칭이 영미권에서는 SBM (School-Site Management), SBM (School-Based Management), SDM (Shared Decision-Making), School Improvement, Essential Schools 등 다양한 명칭이 사용되어 왔고 한국에서는 단위학교 자율 경영제, 단위학교 자치 경영제, 단

위학교 자율운영제, 학교 자치경영제 등 다양한 이름들이 사용되어 왔다. 각 명칭이 가지고 있는 의미와 강조, 그리고 미국의 경우에는 지역에 따라 다른 문화적, 역사적 배경을 가지고 있는데 본서에서는 학교자치경영제 (School-Based Management)라는 용어를 사용하고자 한다.

학교자치경영제가 도입된 이래로 이제도와 관련한 실천적 그리고 이론적 지식들이 상당히 축적되어 온 것이 사실이다. 도입 초기의 SBM에 대한 이론적 기대와 현실적인 어려움의 괴리는 SBM의 한계에 대해서도 많은 시사점을 제공해주었다. 이제는 SBM의 성공 조건 또는 선행 조건에 대해서도 많이 알려져 있고 그리고 과정 변수와 결과 변수에 대해서도 많은 연구와 이해가 이루어져 왔다. 그럼에도 불구하고 아직도 잘 개발된 이론 모형이 부족한 게 사실이다. 특히 우리나라에서는 이론 모형의 개발 노력은 더욱 부족하다. 더욱이 우리나라의 SBM은 우리 고유의 정치 문화와 수준을 반영하여 많은 면에서 다른 모습을 보여주고 있어 우리 토착 문화와 실천적 관행을 반영하는 개념과 이론 모형이 개발되어야 한다. 우리의 SBM이 영미권의 SBM과 비교하여 학교의 강의나 교과과정 혁신 활동과의 연결이 부족한 면이 있지만 정치적 차원에서는 역동성을 가지고 있지 않은가 생각한다. 우리나라의 SBM이 우리의 노력에 따라서 많은 측면에서 영미권에 앞서는 역동적이고 발전적 모습을 가질 수 있다는 것이 필자의 소견이다. 그러기 위해서는 이에 대한 이해와 이론 개발이 선행되어야 한다. 아직도 우리나라의 SBM에 관한 지식과 이론 축적은 상대적으로 매우 열악하다 하겠다. 미국에서 조차 SBM제도에 대한 단행본이 그리 많지 않은 것으로 알고 있고 우리나라에서는 더욱 부족하다 하겠다. 그리고 국내에 외국의 SBM제도에 대한 단행본을 찾아보기 어렵다. 이러한 현실을 고려하면 우리나라가 외국의 SBM 제도를 어떠한 과정을 거쳐 벤치마킹하여 도입하였는지 궁금하다. 본서는 본 저자의 박사학위 논문(원제는 Structure, Leadership, and Culture in School-Based Management Schools, Copyright

1998, University of Southern California)을 번역한 것으로 연구를 위해 사용된 자료는 일부는 캐나다와 오스트렐리아의 학교에서, 그리고 대부분은 미국의 학교에서 수집되었다. 학위 논문이 작성된 지 10여년이 다 되어가는 시점에 본서가 출간되어 늦은 감이 있지만 SBM 문헌에 대한 우리의 현실을 고려하면 아직도 유용할 것이라는 것이 본 저자의 견해이다.

본서는 학교 행정을 전공하고 있는 학자와 대학원생들에게 도움이 될 수 있다. 주로 연구 자료로 사용될 수 있으며 특히, 국가 또는 문화 비교 연구에 도움이 될 수 있다. 특히 본 연구에서 사용된 질적 연구 방법과 질적 연구 프로그램은 이 분야에 관심이 있는 연구자에게 참고 자료가 될 수 있다. 또한 강의 교재로도 사용이 가능하나 책의 구성과 주제가 제한되어 있어 부교재로 적절하지 않나 한다. 본서의 다른 대상 독자로는 단위 학교 현장에서 학교자치경영제를 운영 실천하고 있는 학교의 정책 결정자 또는 학교 운영위원회 위원, 일반 교직원들이 있고, 상위 수준에서는 학교 행정과 관련한 정책을 입안하고 결정하는 교육부의 정책결정자 그리고 이를 중간 단계에서 집행하고 있는 교육청의 행정가들이 관심을 가질 수 있다.

본서가 나오기 까지 많은 분들의 열정과 노력이 함께 했다. 본서가 나오기 까지 직간접 도와주신 분들에 대한 빚과 감사를 제한된 말과 공간으로 다하기 어렵다. 가장 우선 학위 논문 지도 교수이신 Peter Robertson 교수님에게 감사를 전합니다. 논문 아이디어의 태동부터, 연구 실증 자료의 사용 허락, 그리고 논문의 무수한 교정, 그리고 마지막 심사까지 그의 보살핌과 헌신이 있었다. 그의 날카로운 지적 능력이 본 저자의 논리적 사고를 단련시켰으며 논문의 질 향상에 기여했다. 본 저자는 또한 논문 심사위원이며 은사이신 Robert Biller 교수님에게 깊은 감사를 드린다. Biller 교수가 부총장으로서 가진 10여년 이상의 대학 행정 경험은 본 논문의 향상에 많은 도움을 주었다. 본 저자는 또한 USC 교육대학 교육정책 전공 Priscilla Wohlstetter 교수님에게 감사를 드립니다. 그의 친절함과 관대가 없이는 논문이 완성될 수 없었다. 논문을 위한 실증 자료는 그의 관대한 허락에 의하여 그가 책임연구원으로 수년간 수집한 DB를 사용한 것이다. 또한 Brian Borys USC 초빙 교수님에게 감사드린다. 그가 제공한 조언 그리고 우정은 논문 작성 시 많은 위안과 힘이 되었다. 그는 질적 연구 방법에 대한 해박한 지식은 나를 이방면에서 개안하게 하였으며 또한 그의 지도로 논문의 질이 많이 향상되었다. Gerald Caiden 교수님에게도 많은 감사를 드립니다. 그의 국제 / 비교 행정에 대한 탁월한 지식과 경험은 많은 귀감이 되었다. 또한 동료 학생인 Ernest Ong의 순수함과 사회봉사 정신 또한 본 저자의 영혼을 전혀 다르게 만들어 놓았다. 논문 지도와 교정에 대한 사례비를 북한의 배고픈 어린이를 위해 대신 기증해달라고 한 그의 말은 지금도 뇌리에 선하다.

논문이 단행본 책으로 결실을 보기까지 도움을 주신 분들에게도 감사를 빼놓을 수 없다. 우선 후배 교수인데도 많은 면에서 탁월한 지도력과 열정을 가지고 본 저자에게 끊임없이 많은 영감을 주고 있는 동국대학교 국제통상학과 정성훈 교수에게 감사를 전한다. 그의 자극이 없었다면 본 저자의 학위논문은 단행본으로 태어날 수 없었을 것이다. 바쁜 일정에 최종 출판을 맡아주신 한국학술정보의 담당자분들께 사의를 전한다. 마지막으로 본 저서를 부모님, 처 박정연 그리고 두 아이 태국, 지혜에게 바칩니다. 본 저서는 그들에 대한 저의 감사와 사랑의 작은 표시일 뿐입니다.

목 차

서 론

1) 학교자치경영 (School-Based Management)의 맥락

현대는 "세속화, 도구적 이성의 보편화, 삶의 세계(life-world)의 다양한 측면의 분화, 경제, 정치 그리고 군사 제도의 관료화, 그리고 점차 증가하는 가치의 금전화" (Turner, 1990, p.6)에 의해 특징지어진다. 특히, 미국의 진보 시대 (the Progressive Period)(1986-1920)는 행정학과 경영학이 탄생한 시기인데, 이 시기 또한 기술적 합리성, 직업주의, 그리고 경제, 과학, 그리고 능률성에 가치를 부여하는(Adams. 1992; Waldo, 1945; Waldo, 1980) 시기로 특징지어진다. Taylor (1911)의 "과학적 관리 (Scientific Management)", Gulick과 Urwick (1937)의 행정원리, 그리고 Weber (1958)의 합리적 조직은 근대 사회 변혁에 잘 부합하는 도구들이 되어 왔다.

산업화에 따른 근대사회의 관료화와 이성화는 교육제도 속에도 잘 반영이 되어 있다 (Swanson, 1989; Tyack, 1990). 진보시대에 뿌리를 둔 제도 개혁은 미국 교육에 혁명적 변화를 말하는데 이는 공공 교육이 편협주의 (parochialism), 분파주의, 그리고 당 기계정치 (the party machine politics)[1]로부터 자유로워짐을 의미한다. 관료화와 직업화는 "한 가지 최고의 제도(one best system)"의 기치 하에 정당화되는데 이는 편협하지 않은 전문가들이 부패한 정치로부터 자유로이 제도를 설계해갈 수 있음을 의미한다 (Chubb and Moe, 1990; Tyack, 1974).

교육개혁은 집권화와 분권화, 표준화와 자유방임이 단기간에 자주 반복되는 주기로 나타나고 (Meyer, Scott, and Strang, 1987; Tyack, 1990) 자유, 평등성, 동지애, 능률성, 질, 선택, 경제성장 등 다양한 가치가 이러한 교육개혁을 추진하는 동력이 되는데 (Cuban, 1988; Mitchell, 1989; Swanson, 1989), 이러한 학교 개혁에는 나름대로 "파편적 중앙주의(fragmented centralism)" (Meyer et al., 1987; Tyack, 1990)라는 일관된 제도적 경향이 존재함을 발견할 수 있다. 교육제도의 사회적 종속성 (embeddedness)은 제도 이론가 (DiMaggio and Powell, 1991; Meyer and Rowan, 1977; Scott, 1975)들에 의해 잘 설명된다. 이러한 이론은 이전의 학교 개혁에 의하여 만들어진 제도적 유산과 기득권을 고려할 때 근본적 변화가 어려움을 말해주고 있다.

다음은 관료 조직 모형의 문제점에 대하여 설명하는데 이의 첫 번째 내재적인 문제나 도전은 이 모델이 가지고 있는 인간 천성과 조직 구조의 가정의 문제이다(Clark and Meloy, 1989). 전통 관료조직의 한계와 병적인 역기능은 사회학자와 조직 심리학자들이 잘 설명 한다 (Argyris, 1957; McGregor, 1985; Merton, 1957; Hummel, 1987; Selznick, 1949). 관료제 조직의 통제 시스템은 단순하고, 어둡고, 그리고 부정적인 인간 천성에 대한 이미지에 기초하고 있어 인간은 이기적이고, 게으르고, 믿을 수 없고, 변화에 저항하고, 쉽게 이용당한다고 믿는다 (Argyris, 1957; McGregor, 1985). 이러한 관료제 조직은 미성숙한 인간

---

1) 이는 미국의 진보시대 이전에 정실주의가 만연한 시기로 미국의 정치가 당의 소수 권력자들에 의하여 좌지우지 되고 부패의 극상을 이루던 시기의 정치 현실을 나타낸다.

을 통제하는데 가장 효율적인 조직 시스템이다 (Weber, 1946). 관료조직의 가치인 규칙, 비정의성, 동조성, 효율성, 감독은 민주적 가치인 평등, 자유, 참여, 개방성, 그리고 책임성과는 병립하기 어렵다 (Merton, 1957; Hummel, 1987; Selznick, 1949; Waldo, 1980; Clark and Meloy, 1989). 답답한 관료적 학교 시스템은 학습과 다양성 같은 민주적 학교 가치와 맞지 않는다 (Clark and Meloy, 1989). 이외에도 전통적 관료제 모형에 근거하고 있는 집권화된 교육체제는 다음과 같은 잘 못된 가정과 문제를 가지고 있다: 1) 교사의 능력에 대한 믿음이 약하다 2) 교사는 준기술자이다; 3) 교사는 교실의 벽 뒤에서 고립되어 일한다 4) 표준화된 교과과정과 다양한 욕구사이에 갈등이 있다 (Clune, 1993; Clune and White, 1988; Malan et al., 1990; Reitzug, 1992).

관료적 조직에 대한 두 번째 도전은 외부적 힘에서 나온다. 환경의 역동적 변화는 내부 조직 구조에 대한 동반된 변화를 요구한다 (Burns and Stalker, 1994; Thompson, 1967; DiMaggio and Powell, 1991; Meyer and Rowan, 1977; Scott, 1975). Drucker (1988)의 "정보 시대"는 급격한 사회 변화로 특징 지워지는 우리 현실에 대한 새로운 규정 (definitions) 을 말하는 것이다. 우리는 금세기에 지식, 교육, 정보, 권력, 부, 드리고 문화의 광범위한 전파를 목격했는데 이는 새로운 구조, 새로운 권력관계, 그리고 지도력의 새로운 규정을 요구한다. Cleveland (1985)는 명령과 통제 구조의 효력이 점차 줄어들고 있음을 말하고 있는데 이는 전통적 권력 구조의 다섯 가지 기초(통제에 기초한 권력 계층, 비밀에 기초한 영향력 계층, 소유제에 기초한 계급 계층, 귀중한 자원에 기초한 특권 계층, 그리고 지리에 기초한 정치 계층)가 지배적 자원인 정보에 의해서 무너지고 있음을 말한다. 이 정보는 팽창적이고, 자원에 구애받지 않는, 대체 가능한, 이동 가능한, 그리고 전파적이라는 특징을 가지고 있다. 정적이고, 공식적이고, 상위 명령적 (top-down) 그리고 규정 중심적인 조직에서 미래에는 신축성 있고, 흡입력 있고, 적응적이고, 현장 실천적 (fleet-of-foot)

조직으로의 변화가 당위적으로 요청되고 있다(Peters, 1988).

2) SBM과 이에 대한 실망

관료조직의 가정에 대한 내재적인 문제와 역동적 환경 변화에 대한 인식은 분권화된 조직 구조를 요구하게 되었다. 이러한 분권화된 조직 구조는 이는 새로운 질의 조직화 형태를 말하는 것이다.

학생 성적은 점점 떨어지고 학교 질은 점점 악화되는 현실을 직면한 학교 공동체는 분권화 운동을 받아들이게 된다. 사기업 부문의 분권화 추세를 따라 1980년대와 1990년대에 미국학교지역구의 1 / 3의 학교들이 단위학교중심관리제(SBM)를 채택하게 된다 (Ogawa and White, 1994). SBM에 대한 논리는 두 가지 잘 확립된 가정에 근거하고 있다 (David, 1989). 첫째는 학교구에서 일선학교로 의사결정 권한을 분권화 하는 것은 지역 사람들에게 자율권과 목소리를 준다는 것이다 (Malen et al., 1990; Wohlstetter and Odden, 1992). 다른 말로 하면, 분권화는 조직 단위의 구성원이 그 단위의 기능을 향상시키는데 가장 최선의 위치에 있다는 가정에 기초하고 있다 (Mohrman and Wohlstetter, 1994). 둘째로 변화는 교사, 부모, 학생 그리고 지역 공동체 구성원들의 적극적인 참여에 의한 소유를 요구한다는 것이다.

그러나 개혁정치와 집행의 현실은 개혁에 대한 이러한 초기의 기대를 맞추지 못하고 있다. 학교 개혁에 대한 결과들은 암울하거나 최소한의 효과만 있는 것으로 보고되고 있다. 의사결정 권한이 일선 학교로 이전되고 행정가, 교사, 부모, 그리고 지역사회 구성원들 간의 권력관계가 바뀔 것이라는 SBM에 대한 가정을 지지할만한 증거들이 많지 않다 (Malen and Ogawa, 1988; Malen et al., 1990).

3) SBM 개혁과정에 대한 지식의 부족

SBM이 이의 의도된 목표를 어떻게 달성할 것인가에 대한 지식기반이 부족하다 (Robertson, 1995a). SBM의 효과적이지 못한 집행에 대한 부분적인 책임은 SBM 변화과정을 설명하고 안내할 적당한 이론적 틀이 부족함에 있다 (Robertson, 1995a). 이리하여 SBM에 대한 실제 변화 과정, 즉, 어떻게, 그리고 어느 정도 SBM이 다른 매개변수와 결과변수에 영향을 끼칠 수 있는가는 상대적으로 설명이 되지 않은 분야이다. 비록 "겹겹 층 (nested layers)"으로 불리는 정책 실제의 복합 수준 구조와 정치과정의 비공식적 역학은 정책결정자와 집행가들을 혼란케 하였으며 이러한 과정에 대한 이해를 어렵게 하지만 (McLaughlin, 1987), 학교 변화과정에 대한 지식 부족이라는 근본적인 문제는 일반적으로는 사회, 조직이론 그리고 특정적으로는 SBM이론으로 귀인한다.

사회이론에 대한 진화론적 과정을 살펴보면, 주류의 사회 이론가들은 현실에 대한 가시적, 합리적, 그리고 객관적 차원에 초점을 두는 경험 실증주의자들이었음을 알 수 있다 (Bernstein, 1978). 합리주의, 과학적 진실, 그리고 사회의 탈 미신화라는 가명 하에 주관적이고 비이성적 요소들은 억압되거나 기껏해야 최소한의 취급만을 받아왔다. 이러한 주류 사회 그리고 조직 이론가들의 지배적인 영향은 현실에 대한 주관적이고 비이성적인 측면에 대한 무시만이 아니라 우리의 현실과 조직에 대한 견해를 이분법 화하였다. 이러한 조직에 대한 이분법적인 유산은 관료제와 민주주의(Waldo, 1959), 관료제와 개인 (Argyris, 1957), 조직과 사람 (Bennis, 1959), 구조와 개인적 고려 (Bass, 1985), 합리적 요소와 비이성 (Ouchi and Wilkins, 1985), 합리성과 무질서 (Cohen, March, and Olsen, 1972), 업무와 사람 (Gersick, 1991), 그리고 체제/구조와 문화/정치 학파 (Louis, 1983; Ott, 1989)간의 긴장과 분열을 야기하였다.[2]

합리적 그리고 실증주의적 이론의 한계는 교육 조직에서 더욱 두드러진데, 이러한 학교 조직에서 목표는 모호하고, 우선순위는 문제가 많고, 기술은 명확히 규정되어 있지 않고, 그리고 참여가 불확실하다 (Cuban, 1988a; Deal and Celotti, 1980; Cohen et al., 1972; Weick, 1976). 조직 이론에 대한 이러한 이분법적인 그리고 합리적 구성, 그리고 결과적으로 조직에 대한 편견적인 이해는 이탈 (decoupling), 느슨한 연결 (loose-coupling), 구조의 신화와 의식(myth and ceremony of structure), 그리고 쓰레기통 모형 (the garbage-can model)과 같은 다른

---

2) 사회조직 이론의 이분법적 구성은 전반적인 서구의 문화와 철학과 관계가 있다. 서구와 동양의 사물을 바라보는 시각이 매우 대비적임은 잘 알려져 있다. 이러한 차이는 현실의 이분법적인 구성에도 반영된다. 서구의 이분법은 동양의 이분법과 매우 다르다. 서구의 이분법은 "분석적 이분법 (analytic dualism)"이라 불리고 동양적 이분법은 "종합적 이분법 (synthetic dualism)"이라 불린다. "분석적 이분법(analytic dualism)"에서는 마음과 몸이 분리되고 (변증법 이론에서) 정과 반이 경합한다. 반면에, "종합적 이분법 (synthetic dualism)"에서는 음양이 분리되지 않고 상호 연결되어 있으며 두 요소간의 조화가 강조된다. 서구의 이분법적인 사고의 영향이 우리의 현실과 이론 도처에 산재하고 있다. 헌법에서의 권력의 분립, 행정학을 규정하는 가장 중요한 개념 중의 하나인 정치-행정 이원론, 공-사 구분, 관리와 노조의 경쟁은 이러한 서구의 "분석적 이분법"의 산물이라 생각한다. 교육에서의 "기초(basics)" 대 "종합 학습 (integrated learning)", 그리고 "단순 단어 기억(phonics)"과 "읽기를 통한 종합 언어 접근(whole language approach)"간의 경쟁적인 논의도 이러한 서구의 "분석적 이분법" 전통에 이외가 아니라 생각한다. 중용이나 적절한 조화보다는 극단적인 이분법이 서구의 문화에서는 규범으로 받아들여진다. 이에 대한 보다 깊은 논의는 본 연구의 범위를 벗어나며, 단지 이러한 문제를 제기하는 것은 이론과 실제 관계의 문제를 지적하는 것이며 우리가 사물을 어떻게 바라보는 가가 우리가 일을 어떻게 하는가에 영향을 끼친다는 것을 논의하는 것이다.

조직 이론들에 의해 비판되고 보완된다.

이분법적인 논리가 이론개발을 위해 분석적 도구를 제공하고 조직이론을 풍부하게 해주었지만 이러한 이분법적인 사회 구성은 더 이상 조직과 조직이론의 두 가지 측면이 화합하고 종합할 수 없게 하였다. 특히, 과학, 연구, 그리고 정책에 있어서 "사람"에 대한 편견은 심하게 되었다. 객관적이고 합리적 과학은 주관적이고 감정적 인간 요소는 비과학적인 것으로 보게 되었다. 인간은 믿을 수 없는 존재이므로 영원하고 믿을 수 있는 구조가 인간의 자율성과 변덕스러움을 대치해야 한다는 것이다. 물론 이러한 전통이 조직 구조와 사회 제도를 설계하는데 더욱 정교하게 하는데 공헌하였지만 이러한 구조에 대한 과도한 강조는 무한한 인간 잠재력의 성장을 저해했다. 이러한 무가치 적이고 과학의 합리적 문화에서 사람은 단지 감시되고, 통제되고, 또는 수정되어야 하는 대상으로 머물러 사람들은 수동적으로 되고 소외 되었다. 구조에 대한 이러한 믿음은 구조가 한번 자리를 잡으면 집행은 자동적으로 따르고, 일이 잘 못되면 이는 사람의 잘 못이 아니고 시스템이나 구조의 잘못이라는 것이다.

조직을 설계하고 변화시킬 때 주류 조직 이론가들은 구조, 기술, 크기 등 공식적 조직에 초점을 두어 왔다 (Ott, 1989; Louis, 1983). 대부분의 조직 변화 노력이 공식적 구조 변화에 관심을 가졌다는 것은 우연이 아니라 실용적인 편리 때문이었다. 조직의 구조는 사회 공학적으로 다루기 쉽고 비이성적, 인간 요소에 비하여 통제하기가 쉽다. 이러한 실제적 편리성 때문에 구조 요소에 초점을 두고 결과 변수에 가장 관심을 갖게 되어(Staw, 1984), 연구와 실천에 있어서 과정변수를 소홀히 하게 된다. 학교의 변화 과정은 투입 (통치 구조), 과정(의사결정과정, 운영, 그리고 전략적 변화, 문화 변화), 결과 변수(행태 변화와 학교의 질)로 이어지는 일련의 긴 과정이다 (Robertson, 1995a). 학교 재구조화의 오랜 발전 과정에 대해 기다리는 참을성이 없거나 능력이 없으면 교육 정책과 연구에 있어서의 전형적인 결과는 구조변수(내용)에서 관여변수(과정)로 그리고 학생 학습과 같은 결과변수로 이어지는 연결이 부족하게 되는 것이다 (Purkey and Smith, 1983; Robertson and Briggs, 1996; Wohlstetter and Odden, 1992). 이는 또한 변화과정을 무시하고 구조변수에 과도한 관심을 갖게 되고 (Purkey, 1990) 가장 중요한 결과 변수인 학생 학습이 구조 변수에 의해 대치되게 된다 (Cuban, 1988a; Newsman, 1991).

실증과학과 실용적 편리성에 의하여 영향을 받아 조직의 구조와 합리적 측면에 강조하게 됨으로써 학교 구조화 과정에 있어서 투입이나 결과변수에 비하여 리더십과 학교 문화와 같은 과정변수에는 관심을 소홀히 하게 된다. 그렇다고 문화나 리더십이 완전히 무시되었다는 것은 아니다. 변화과정에서 리더십은 핵심요소로 고려되었고 (Feldman, 1984; Goodman et al., 1980; Hallinger and McCary, 1990; Malen and Ogawa, 1988; Nickerson, 1980), 학교문화는 성공적인 학교 재구조화를 위해서 중요하고 핵심적인 과정변수로 다루어져 왔다 (Purkey and Smith, 1983; Morhman and Wohlstetter, 1994; Lieberman and Miller, 1990; Schmoker and Wilson, 1993). 문제가 되는 것은 구조변수에서 리더십 그리고 리더십에서 학교문화로의 연결 고리가 명시적으로 연구가 되지 않았다는 것이다. 예를 들면, SBM의 특정한 조항(내용)과 의사결정유형과의 관계가 잘 설명되지 않고 있다 (Malen and Ogawa, 1988). 학교 관련 문헌들은 통치구조와 학교 문화와의 관계를 매개 변수로 리더십에 대한 고려 없이 가정하고 있다 (예로, Lieberman, 1988; Lieberman and Miller, 1990; Purkey, 1990). 조직 이론과 학교 개혁 문헌에서 리더십과 학교 문화와의 관계가 잘 다루어지고 있지만 (예로, Purkey and Smith, 1983; Schein, 1985; Sergiovanni, 1990), 학교 개혁에 있어서는 리더십과 문화에 대한 경험적 연구가 부족하다.

(1) 문화 모형

위에서 간단히 논의되었듯이 공식적, 합리적 세계관과 비공식적, 비이성적 세계관과의 분열증적인 틈, 그리고 주관적 그리고 비이성적 차원의 상대적인 괄시가 최소한 서구에서는 유산 (legacy) 이 되었다. 이후 많은 조직이론가들이 합리적 공식적 조직 이론의 한계를 인식하고 조직에 대한 관심을 단순하고 조직화하기 쉬운 가정(assumptions)에서 좀 더 복잡하고 전체적인 가정으로 변화시키면서 전통적 고전적 그리고 구조 체제 모형에 대한 대안으로 조직 문화 모형을 개발하였다 (Ott, 1989).

조직문화 모형의 진정한 힘은 전통 구조 모형에 대한 대안으로서기보다 이분법적으로 경쟁하는 조직 이론들을 화합시키는데 있다. Smircich (1983)의 조직 문화를 근본 메타포 (root metaphor)로 간주하는 것은 조직 문화의 이러한 역할을 암시하는 것이다. 문화 모형의 잠재력은 합리적 구조/체제 모형을 단순히 보완하기보다는 이를 극복하고 통합시키는데 있는 것이다. Trice and Beyer (1984, p.664)가 말하기를 조직문화가 조직 연구에 공헌을 할 두 가지 방법이 있다는 것이다. 첫째는 이전에 연구되지 않은 현상에 관심을 갖는 것이고, 둘째는 이전에 연구되었던 현상을 새롭고 더 낳게 이해한다는 것이다. 조직의 인공물 (artifacts)부터 마음의 깊은 무의식까지 모든 곳에 침투하고 도처(the pervasive and ubiquitous nature)에 존재하는 조직문화의 특성은 체제 이론과 조직이론과의 구분을 모호하게 만들고 구조, 크기, 기술과 같은 가시적 구조 요소를 문화 모형 학파의 상징적 해석으로 통합해버린다. 조직의 전통적 구조 요소로 당연하게 받아들이던 요소들이 문화 모형에서는 재해석된다. 학교 건축이라는 인공 구조물은 단순한 물리적 구조물이 아니라 조직 구성원에 의하여 공유되는 학교의 가치와 정서를 나타내는 상징물인 것이다. 이리하여 겉으로 보기에는 가시적인 조직의 구조 요소는 조직의 비가시적이며 근저에 숨어있는 가치를 반영하는 것이다. 이리하여, 조직의 구조, 정책, 보상체계, 훈련 프로그램, 성과평가체제를 설계하고 평가할 때, 바탕에 전제가 되고 있는 가정(assumptions)에 대하여 알아봐야 하는 것이다. 조직 문화 모형은 조직의 이분법적인 개념을 화합시킬 때 사용할 수 있는 분석 도구가 된다.

4) 연구의 초점

한편에서는 사회 조직 이론에서 구조와 사람 또는 합리적 요소와 비합리적 측면간의 이분법적인 긴장, 다른 한편에서는 학교 재구조화과정에서 공식적 구조와 최종 결과v간의 잃어버린 연결 고리를 염두에 두고, SBM 형태와 학교 리더십, 학교 리더십과 학교 문화, 그리고 학교 문화와 개혁 성공간의 일련의 이론적 관계가 본 연구의 초점이 된다. 이러한 제가지 변수는 학교 수준에서 일어나는데, 이리하여 학교가 본 연구의 주요 분석 단위가 된다. SBM의 통치 구조, 학교 리더십, 학교 문화, 그리고 개혁의 성공으로 연결되는 단선적 인과 관계가 본 연구의 주요 초점이지만, 아른 변수, 범주, 그리고 주제가 귀납적 코딩과 분석 과정에서 드러날 것으로 기대된다. 이러한 귀납적 과정이 연구의 주요 관심 변수 간의 관계를 명확히 하는데 도움이 될 것이다.

5) 연구의 목적과 중요성

연구의 목적은 SBM에서 학교 리더십, 학교 문화, 그리고 개혁의 성공으로 이어지는 잃어버린 인과 관계를 탐구함으로써 SBM의 역동적 변화 과정을 이해하는 것이다. 모델의 변수간의 가설적 관계를 조사하는 연역적 연구는 미리 정해진 이론 (a preconceived theory) 없이 데이터를 탐구하는 귀납적 과정에 의하여 보완되고 "삼각법에 의한 검증 (triangulated)"이 이루어진다. 이러한 혼합된 방법은 재구조화의 역동적 과정에 대한 좀 더 풍부하고 타당도 높은 이해를 제공하게 될 것이다. 본 연구의 구체적 목표와 중요성은 다음과 같다.

▪ SBM과 학교 리더십간의 관계에 대한 연구와 지식이 제한되어 있는 현실을 감안하여 새로운 통치구조로서의 SBM이 학교 리더십을 어떻게 그리고 어느 정도 영향을 줄 수 있는지를 탐구한다. 이러한 관계에 대한 연구는 SBM이 개혁 전략으로서 리더십에 동기부여를 하고 변화시키기는 능력에 있어서 강점과 한계를 밝혀냄으로써 SBM의 효능성을 검토하게 하여준다. SBM이 학교를 향상시키는데 실질적 변화를 이끌어내고, 효과적인 개혁 전략으로 간주되기 위해서는 SBM을 통한 개혁이 학교의 다양한 요소 (개발 리더십 차원) 를 체계적으로 향상시켜야 한다는 널리 인정된 주장을 고려할 때 SBM의 기능과 역할은 매우 부담스럽다 할 수 있다. 학교 리더십에 영향을 줄 수 있는 SBM 통치구조의 구체적 형태들의 강점과 한계를 탐구하는 것은 다양한 형태의 SBM 효능성을 구별하고 미래 SBM 구조를 설계하는데 도움을 주는 단서를 제공할 것이다.

▪ 학교 리더십이 학교 재구조화 과정에서 SBM 통치구조와 학교 문화 사이의 매개 변수로서 어떻게 그리고 어느 정도 SBM을 구체화하고

그리고 궁극적으로 학교 문화를 바꾸어갈 수 있는지를 탐구한다. 본 연구는 학교 개혁의 성공적인 집행과 제도화를 위한 효과적인 리더십 행태를 밝혀낼 것이다. 효과적인 리더십 행태를 밝혀내는 것은 이어서 개발 리더십 이론에 추가적인 증거가 되고 학교 리더십이 개혁 과정을 변화시키고 효과적인 학교 문화를 배양하는 정도를 보여줌으로써 학교 리더십이 조직 변화와 발전 이론에서 중요한 변수라는 것을 증명하게 된다. 실천적 목적을 위해서는 리더십에 대한 발견은 효과적 리더 선택과 훈련을 위한 정책 대안의 인벤토리를 강화하고 효과적인 미래 재구조화를 위한 더 나은 척도 (parameters)를 제공하게 된다.

■ 학교 문화와 개혁의 성공간의 관계를 검토한다. 이 관계에 대한 탐구는 효과적인 학교 문화가 성공적인 개혁을 이끌어 내는지를 보게 된다. 재구조화 과정에서 학교 문화가 중요한 과정 변수라는 것을 확인하는 것은 개혁은 길고 인내를 요하는 과정이며, 성공적인 개혁은 업무 관계와 학습에 대한 근본적인 가정의 변화를 요한다는 것을 재확인하는 것이다.

■ 기존 이론을 반박하거나 타당성을 인정하는 어떤 경쟁 또는 예기치 않은 이론, 변수, 주제 또는 패턴을 탐구한다. 본 연구의 귀납적 과정은 이러한 이론을 확장하고 새로운 이론을 만드는데 기여한다. 이러한 귀납적 관심은 SBM 변화 과정에 대한 좀 더 큰 그림을 그리는데 기여한다.

변수간의 이론적 관계가 탐구되면, 본 연구는 미래 학교 재구조화를 위한 안내 틀로 사용될 수 있는 타당한 이론 모형을 만드는데 도움을 줄 것이다. 본 연구는 이전의 연구 (Robertson, 1992, 1995a; Robertson and Briggs, 1996)에 기초한다. 다른 SBM과 분권화 과정이 이 이론 모형에 비추어 평가된다. 전반적으로, 본 연구의 결과는 SBM 프로그램을 재무장하기 위하여 투입 과정에 피드백을 제공하고 SBM 학교들이 제도화의 여러 단계에서 어떻게 성공적인지를 발견하기 위하여 여러 해에 걸쳐 SBM의 진전을 평가할 수 있는 기초가 된다.

6) 연구의 내용과 구성

2장에서는 SBM 리더십, 그리고 학교 문화에 대한 이론적 배경이 소개되고, 이러한 변수간의 이론적 관계에 대한 가설이 제공된다. 3장은 방법론과 연구 설계를 다루고 4장은 연구 결과, 그리고 5장은 연구 결과의 논의와 시사점을 다룬다.

이론 배경

본 장에서는 본 연구의 3가지 주요 변수인, SBM, 개발 학교 리더십, 그리고 마지막으로 학교 문화에 대한 이론적 배경을 제공한다. SBM은 주도적이고 초기 변수로서 가장 중요한 변수로 취급된다. 그 다음은 SBM이라는 구조 변수를 살아있게 하고 살을 붙이는 역할을 하는 리더십을 다룬다. 이는 구조 변수에 대한 보완적 역할을 한다. 위의 두 가지 변수는 궁극적으로 조직의 문화를 결정짓는다. 학교 전체적으로 볼 때는 조직 문화도 과정변수에 속하지만 본 연구에서는 최종적인 결과 변수가 된다. 위의 세 가지 변수간의 구체적인 관계가 논의되고 이러한 관계에 대한 가설이 설정이 된다.

1) SBM

SBM은 인간 조직과 사회의 민주화에 대한 역사적 발전과정의 산물로 개발된 것이다. 이는 분권화와 참여에 대한 학교의 형태(version)인 것이다. 분권화와 참여는 민주화와 SBM을 규정하는 아주 밀접한 관계를 가지고 있는 개념들이다. 분권화는 의사결정 권한을 학교구에서 일선 학교로 옮겨 단위학교 이해관계자들의 자율성과 책임성을 높이고자 하는 것이다. 분권화는 누가 누구를 통제하느냐의 문제라기보다 사회의 다양한 집단 간의 권력의 배분에 관한 문제인 것이다 (McGinn 문 Street, 1986). 참여는 의사결정과정과 다른 학교 이슈에 이해관계자를 참여시키는 것에 초점을 둔다. 실제 SBM의 형태는 다양하지만 SBM의 기본 정신(tenet)은 단순하다. 이는 단위 학교 사람들이 자기들의 학교 문제에 대한 결정 권한을 갖게 하자는 것이다. 이러한 정신은 단위학교 사람들이 자기네 문제에 대하여 잘 알고 있고 학생과 학교의 일상적인 문제에 대하여 영향력을 가지고 있다는 전제 (premise)에 기초하고 근거하고 있는 것이다. 고도로 복잡하고 비구조화되어 있는 교육과 학습의 성격은 학교, 학부모, 그리고 지역사회간의 협력적, 조정, 그리고 통합적 접근을 요구하여 공식적 비공식적 의사결정과정에 다양한 이해관계자들의 참여가 그러한 일들이 일어나도록 하는데 핵심적 요소가 되는 것이다. 비록 얼마만큼의 권위와 책임이 분권화되어야 하고 누구에게 분권화되어야 하는지에 대한 규범적인 모형이 존재하는 것은 아니지만(Mohrman and Wohlstetter, 1994) 교사와 교장들은 각 단위학교의 다양한 욕구에 부응하기 위해 지역과 주의 교육 기관(state agencies)으로부터 상당한 정도의 독립이 요구되는 것이다 (Cuban, 1988a).

조직의 구조적 측면을 다루는 학문들의 전통이 다양하여 분권화, 참여, 조직 구조, 통치 구조, 제도 설계 (institutional arrangements) 등 다양한 용어들이 사용되고 있다. 본 연구에서는 참여에 대한 일반적 문헌 그리고 SBM에 대하여는 이에 관한 특정한 문헌들을 살펴볼 것이다. 변화과정에서의, 특히, 학교 변화 과정에서의 참여와 조직 구성원 관여 (involvement)의 중요성이 강조된다.

(1) 참여와 SBM의 속성과 형태

참여는 역사적으로 뿌리를 가지고 있고 이념적으로도 매우 무거운 개념[3]으로 통일된 개념적 규정과 틀을 개발하기가 어렵다 (Dachler and Wilpert, 1978; Locke and Schweiger, 1979). 참여의 이론적 경향은 민주 이론, 사회적 이론, 인간 성장 및 발전 이론, 그리고 생산성 및 효율성 이론으로 구분 된다 (Dachler and Wilpert, 1978). 참여에 대한 접근 방법은 다양한 가치 가정, 그리고 목표들을 가지고 있다. 명확한 이론적 틀과 유형 분류가 어려움 (Clune and White, 1988) 은 SBM에 대해서도 마찬가지이다.

참여는 여러 속성들을 가지고 있다 (Bacharach et al., 1990; Cotton et al., 1988; Dachler and Wilpert, 1978; Locke and Schweiger, 1979): 첫째는 공식적-비공식적 의사 결정으로 공식적 의사결정은 공식적으로 인정된 의사결정 기구가 만들어지는 것을 의미하고 비공식적 의사결정은 관리자와 근로자간에 비공식적 개인적 관계에 기초함을 의미한다. 둘째는 강제된 참여-부분적으로 강제된 참여-자발적 참여로 구분된다. 강제된 참여는 법령이나 정부의 규정에 의하여 정해지는 것을 말하고 부분적으로 강제된 참여는 노-사간에 계약에 의하여 요구되는 것을 말한다. 그리고 마지막으로 자발적 참여는 노-사간 어느 일방에 의하여 주도되고 다른 일방에 의하여 동의되는 형태를 말한다. 셋째는 직-간접 참여로 이는 의견 표출을 직접적으로 하느냐 또는 대표를 통하여 하느냐에 의하여 구분된다. 넷째는 참여의 기간에 의하여 구분되는데 의사

---

3) Locke and Schweiger (1979)는 다음과 같이 논의한다. 도덕적 논리는 연구에 있어서 친 참여적 (pro-participation) 성격을 띠고 이러한 의사결정에 있어서 친 참여적 (pro-PDM, participation in decision-making) 편견은 미국 밖의 다른 나라들에서 강한데, 특히 유럽이 그렇다. 미국인들은 참여에 대하여 보다 실용적인 접근을 따르는데 이는 그들은 자유를 중요시하고 미국의 지식인들은 도덕적 근거에만 의존하여 공공정책을 옹호하길 주저하기 때문이다.

결정에 있어서 단기간 참여하느냐 또는 장기간 참여하느냐를 말한다. 다섯째는 의사결정의 영역을 말하는 것으로 이에는 인사 업무, 업무 자체, 근무조건, 그리고 회사 정책의 네 가지로 분류 된다 (Locke and Schweiger, 1979). 여섯 번째는 참여의 범위를 말하는데 이는 의사결정 과정에 누가 참여하느냐를 말한다. 마지막 일곱 번째는 참여의 정도로 이는 의사결정에서의 영향력의 정도를 말한다. 이는 참여의 부재로부터 다양한 종류의 자문(consultation), 그리고 완전한 참여(full participation) 까지 다양하다 (Tannenbaum and Schmidt, 1958). 조직에서 직원 참여 (involvement)와 관련하여 세 가지 방법이 있다. 첫째는 평행 제안 참여 (parallel-suggestion involvement)로 품질관리 그룹(quality circles)과 이익 공유 (gainsharing)가 있고, 둘째는 업무 참여로 업무 충실, 업무 그룹, 그리고 팀이 있다. 세 번째로 높은 참여(high involvement)는 권력, 정보, 지식, 그리고 보상을 가장 낮은 수준으로 이양하는 것을 의미한다 (Mohrman, Lawler, and Mohrman Jr., 1992).

SBM의 형태는 실제에 있어서 다양한 모습 (configuration)을 취하는데 이는 학교에 이양된 권위의 수준, 단위학교의 의사결정자들이 가지고 있는 자유재량권의 영역, 의사결정 기구에 관여한 이해관계자의 집단, 단위학교 의사결정 기구가 추구하는 목적에 따라 달라진다 (Ogawa and White, 1994; p.55).

일반적으로 경영학의 문헌들이 학교 환경에 적용될 수 있는데 참여의 두 가지 특성인 공식적-비공식적 의사결정과 참여의 기간은 학교 환경에서는 잘 구분되지 않는다. SBM은 운영위원회, 팀, 그리고 다른 위원회와 같은 공식적 의사결정 기구를 통하여 개인의 참여를 증가시키려 하고 "참여 관리가 지속적으로 이루어지는 체제"(Robertson, 1995a, p.8) 이다. 이리하여 SBM의 통치 구조는 공식적이고 장기간의 체제를 상정한다. SBM의 다른 여러 가지 속성이나 특징들은 다음에서 논의된다.

우선 SBM의 형태는 상황적 요소들에 의하여 정해진다 (Robertson, 1995a; Wohlstetter and McCurdy, 1991). 교육구의 정책과 지도력이 분권화 정책을 결정한다 (Wohlstetter and McCurdy, 1991). 강제된 SBM이 어떤 교육구와 주에서 강제 입법으로 주도되었고, 부분적 강제된 SBM이 교사 노조와의 계약에 의하여 설치된 경우도 있고, 자발적 SBM은 어떤 교육구서는 교육구 리더십에 의하여 주도되기도 하였다 (Robertson, 1995a). 강요된 SBM의 경우는 가장 급진적 형태의 개혁이라 간주되는데 Chicago의 경우에서와 같이 교육구가 지역사회의 지지를 받지 못하는 위기에 처했을 때 생겼다. 반면에 교사 노조와의 협의된 계약에 의한 부분적 강제된 SBM은 Los Angeles나 Miami와 같이 비교적 안정된 교육구 리더십이 존재할 때 이루어진다 (Wohlstetter and McCurdy, 1991).

참여의 보다 중요한 차원은 의사결정에 누가 통제권을 가지느냐의 문제이다 (Wohlstetter and Odden, 1992). SBM은 지역사회 통제, 행정가 통제, 교장 통제의 세 가지의 형태를 띤다. "지역사회 통제" 모형에서는 권력이 직업 교육가들에게서 학부모와 지역사회 집단에게로 이동된다. "행정가 통제형" 또는 "행정 분권형"에서는 의사결정 권한의 일부가 교육구에서 일선 학교로 이전된다. 이러한 형태의 SBM에서는 교사가 학교 운영위원회구성의 다수를 차지한다. 세 번째 형태는 "교장 통제" 형으로 이러한 형태에서는 교장이 다른 구성원의 자문을 받아 주로 의사 결정을 한다. 각 이해 관계자들의 권한도 다르지만 각 운영위원회에 주어진 의사결정 권한에도 차이가 있어 어떤 운영위원회는 실질적인 의사결정 권한이 있기도 하지만 어떤 운영위원회는 단지 자문 역할만 한다.

SBM의 정치적 역학(Wohlstetter and McCurdy, 1991)이 SBM 운영위원회의 구성과 그 안에서의 상대적 권력 배분을 결정한다. 각 이해관계자의 상대적 권력이 학교 운영위원회의 구성에 반영된다. 일반적으로,

세 집단의 의사결정자들이 학교 운영위원회에 참여한다 (Swanson, 1989). 학교 직업전문가, 학부모와 학생, 기업과 지역사회 대표들이 학교의 의사결정 위원회에 관여한다. "지역사회 통제형" 학교 운영위원회에서는 학부모와 지역사회인사들이 위원회의 다수를 차지하고, "행정 분권화형"에서는 교육전문가들이 다수를 차지한다. 이러한 두 형태와는 달리 "교장 통제형"에서는 위원회의 구성과 관계없이 교장이 주요한 의사결정 권한을 가진다.

다음 이슈는 분권화되는 의사결정 유형이나 영역에 관련된다. 다른 형태의 SBM은 다른 형태의 권위 영역을 강조하지만 (Malen et al., 1990), 일반적으로 예산, 교과과정, 그리고 인사가 상호 관련되어 분권화되는 영역이다 (Clune and White, 1988; David, 1989). 분권화 정도는 네 가지 유형으로 나누어진다. 첫째는 예산, 교과과정, 인사 새 영역 모두 분권화된다. 둘째는 예산과 인사만 분권화되고, 셋째는 예산만 분권화 된다. 마지막으로 전혀 구조적 분권화가 없다 (Clune and White, 1988). 분권화된 의사결정 권한의 범위나 영역이 중요하기는 하지만, 단위학교 의사결정자들에게 공식적으로 주어진 자율권의 정도나 양이 SBM 통치 구조의 중요한 차원이다. 이러한 SBM의 통치 구조는 "체제내의 규정의 거미줄" (Malen et al., 1990, p.298) 에 의하여 구속된다.

단위학교 의사결정자들에게 공식적으로 지정된 자율권에 더하여 교육구로부터 보다 많은 자율권을 얻는 방법은 특정 규정에 대하여 면제를 받는 것이다 (David, 1989). 이러한 면제 과정은 일반적으로 교육구와 교원 노조와의 협약의 결과인데 이는 공식적 계약 요구사항의 구속을 벗어나 학교가 권한을 행사 할 수 있는 영역을 확장시켜준다.

지금까지 많은 주목을 받지 못하고 학교 상황에서는 연구가 되지 않은 SBM 통치 구조의 또 다른 측면이 있는데 이는 대부분의 학교의 운영위원회에서는 교사들의 대표만 참가하는데 모든 교사들이 직접적으로 참여하는 경우도 있다는 것이다 (David, 1989).

(2) 참여와 SBM의 혜택

다양한 형태의 참여가 다양한 결과를 낳는다고 논의되지만 일반적 참여는 정서적, 인지적, 동기부여−만족 그리고 생산성의 효과를 이끌어 낸다 (Locke and Schweiger, 1979). 정서적−만족 모델(the affective-satis-faction model)은 참여가 자아 표현, 존경, 독립심, 평등, 개성 발달, 개인 잠재력과 정신 건강 개발과 같은 높은 수준의 욕구를 만족시키고 또한 이러한 높은 수준의 욕구는 사기와 만족감을 증대시킨다는 것이다. 또한 차례로 만족감은 생산성 결과와도 약간의 관계가 있는 것으로 주장된다. 이 정서−만족 모형은 인간관계 이론가들에 의하여 옹호되어 왔다 (예로, Argyris, 1964; Likert, 1957; McGregor, 1985).

인지 요소 모형(a cognitive-factors model) 은 주장하기를 참여가 정보, 지식, 그리고 창의성과 업무와 의사 결정에 대한 좀 더 낳은 이해를 증대시킨다는 것이다. 참여는 또한 동기부여 요소에 영향을 주는데 이 동기부여 요소란 증가된 신뢰, 통제감, 자아 참여, 조직과의 일체감, 집단 압력, 지지 그리고 높은 수준의 목표를 말한다. 이러한 결과는 변화의 저항을 줄이고 의사 결정이과 변화에 대한 수용성을 증대시킨다. 위와 같은 인지적, 동기부여 요소가 결합하면 생산적 효율성을 높이고, 비용을 절감하고, 그리고 갈등을 줄일 수 있을 것이다.

만족감과 생산성에 초점을 두는 모형은 두루 공유되는데 조직과정에서 참여와 깊은 관여(involvement)는 만족감, 사기, 그리고 업무 생산성을 향상시킨다 (Lawler, 1986). "참여는 매개적인 동기부여 과정을 통하여 생산성을 증대시킨다. 참여는 욕구를 만족시키고, 충족된 욕구는 만족감을 주고, 만족감은 동기부여를 강화시키고, 그리고 증가된 동기부여는 근로자의 생산성을 향상시킨다." (Miller and Monge, 1986, p.731). 이러한 주장은 참여 연구에서 지배적인 가설들이다.

일반 참여 연구를 교육 상황에 적용하는 것은 추측적일 수밖에 없지만 (Conway, 1984) 논리적 주장은 가능하다. SBM과 위에서 설명한 정서적, 인지적, 동기부여-만족 결과간의 이론적 연결은 잘 되어 있지만, SBM과 학생 학습 또는 학생 성취와의 인과 관계는 명확하지 않다. 교사들이 학교 의사 결정에 참여할 때, 많은 정보를 받게 되고, 열의가 생기고, 자기 업무에 대한 통제감이 증대되게 된다 (Clune, 1993). 내재적 동기부여는 자기만의 고유성을 발견할 때 생긴다 (Clark and Meloy, 1989). 학부모의 참여를 통하여 그들의 재능이 학생과 학교를 위하여 드러나고, 개발되고, 그리고 이용될 수 있다. 학부모의 참여가 많으면 많을수록 학교와 학생들에 대하여 더욱 잘 알게 될 것이다. 학생에 대하여 더욱 잘 알면 알수록 부모들의 교육에 대한 관심은 증대된다. 학부모의 참여 그자체가 시민성과 리더십 기술을 개발하고 학부모의 자긍심도 키운다. 학부모 참여의 모든 이러한 긍정적 측면은 학생과 부모의 관계를 향상시키고 이는 결과적으로 학생의 복지(well-being)와 성취를 증대시킨다. 이리하여, 학부모는 학생들의 학문적, 사회적, 그리고 심리적 발전에 귀중한 자원이 된다 (Comer, 1986). 잘만 수행되면, 학부모와 교사의 참여는 상호 교류를 통하여 성인들 간의 신뢰, 상호 존중, 그리고 동의를 회복하고 (Comer, 1986), 교사의 사기와 노력을 높이고 또한 학부모와 지역사회의 지지를 만들어 갈 수 있다 (Ornstein, 1983).

(3) 참여와 SBM에 대한 실망과 지식의 현실

참여와 그것의 효과나 결과와의 관계가 논리적으로나 직관적으로 매력적임에도 불구하고 경험적인 보고들은 상호 일치하지 않거나 실망적이다. 잘 말해서 참여가 생산성보다는 만족과 관련이 있다고 일반화 할 수 있을 뿐이다 (Locke and Schweiger, 1979; Miller and Monge, 1986). 그러나 Cotton et al. (1988)은 참여는 다차원적인 측면을 가지고 있기 때문에 참여가 생산성 또는 만족과 관계가 있는지에 관하여 단순히 일반화해서 말할 수 없다고 주장한다. 더욱더 이러한 관계에 대해서 놀랍고 당혹스럽게 하는 것은 개성, 특정 의사결정 상황, 상사와 부하와의 관계, 업무 수준, 가치와 방법론적 조절 요소와 같은 조절 변수 (Miller and Monge, 1986, p.731)와 상황적 경계 (Dachler and Wilper, 1978) 가 있기 때문이다. Miller and Monge (1986)는 참여과정에 관한 모형이 서로 다르기 때문에 연구 결과들을 해석하는 것이 어렵다고 말하고 있다.

SBM에 관한 연구들도 참여 연구에 대한 어려움같이 이론 틀이 부족하고 연구결과에 대하여 합의를 이끌어내는데 어려움을 가지고 있다. SBM 연구와 결과에 대한 일반적 상황도 또한 매우 실망적이다. Robertson (1992; 1995a)은 SBM이 어떻게 원하는 결과를 만들어 내는가에 대한 메커니즘에 대한 이론적 지식이 부족하고 또한 엄격한 경험적 연구가 부족한 것에 대하여 인식하고 학교 재구조화 과정에서의 중요한 과정변수들을 개념화하여 SBM 변화 과정에 대한 이론적 모형을 개발하였다 (자세한 내용은 Robertson (1995a)을 참조).[4] Robertson (1992)과 Robertson and Briggs (1996)는 SBM 변화과정 모형을 사용하

---

4) 이모형은 "변화과정 이론"(Porras and Robertson, 1987) 으로 시계열적으로 변화의 역학을 나타내는데 이러한 과정을 통하여 SBM이 학교의 변화를 이끌어 낼 수 있음을 보여준다. 이모형에서 통치구조의 변화가 SBM의 핵심 요소가 된다. 이 통치 구조는 그것이 존재하고 있는 상황의 산물이다. 그 개념 규정 자체가 말하듯이 의사결정 권한을 단위학교로 이양하는 새로운 통치 구조는 학교에서의 의사결정 과정에 영향을 끼친다. 차례로 학교의 의사결정 과정은 결과로써 전략적 그리고 운용적 변화를 야기하고 동시에 현존하는 학교의 조직문화를 변화시킨다. 전략적 그리고 운용적 변화는 문화에 영향을 주는데 이 두 가지 요소들은 결합하여 학교 구성원들의 개인 행태를 또한 변화시킨다. 최종적으로 이러한 개인의 행태변화는 마지막 결과인 학교의 질 (school quality)을 결정짓는다. 마지막 결과인 학교의 질은 결국은 상황적 요소, 통치 구조, 의사결정 과정, 이어지는 전략적 운용적 변화, 학교문화, 그리고 개인 행태의 단선적 결과인 것이다.

여 SBM의 변화과정을 이해하려는 그들의 경험적 연구에서 SBM이 의사결정 과정과 학교 문화에 잠재적인 효능성 (some potential efficacy)이 있음을 보여주었다. 이러한 긍정적 연구 결과와 관계없이 SBM에 관한 대부분의 문헌은 SBM과 이의 초기의 결과 (initial outcomes)의 관계가 매우 약한 것으로 보고하고 있다. 초기의 결과란 의사결정권한이 단위학교로 위임되는지, 그리고 행정가, 교원, 학부모, 지역사회 인사들 간의 권력관계에 변화가 있는지를 말한다 (Malen and Ogawa, 1988; Malen at al., 1990). 공식적 의사결정 기구는 교장, 교사, 학부모와의 전통적 관계를 바꾸기 보다는 형상 유지하는 편이며 "주변적 문제," "사소한 문제," 그리고 "별로 중요하지 않고 일상적인 일" 만 주로 다룬다는 것이다 (Malen and Ogawa, 1988). 학교 분권화와 SBM에 있어서 실질적인 변화보다는 듣기 좋은 말만 많다 (Glickman, 1990; Wohlstetter and Odden, 1992). 그리하여, "SBM은 모든 곳에 있지만 또한 어느 곳에도 있지 않다"(Wohlstetter and Odden, 1992)라고 말할 수 있다.

좀 더 심각한 문제는 구체적이고 여러 가지 형태의 SBM이 SBM의 초기 목표와 어떻게 관련이 있는지에 관하여 지식이 별로 없다는 것이다 (Malen and Ogawa, 1988). SBM의 도입이 권한의 분권화와 단위학교에서의 의사결정자들 간의 권력관계에 별 영향을 주지 못한다고 할 때 학교 환경에서 참여와 만족 그리고 생산성간의 관계가 부(negative)의 관계라는 사실 (Conway, 1984), 또한 SBM과 학생 학습 그리고 학교의 성취와의 관계가 약하다거나 관계가 없다는 사실이 놀랄만한 사실이 아니다.

SBM에 대한 이론적 기대와 경험적인 결과와의 커다란 간격을 염두에 두고, SBM이 의도한 결과를 달성하는데 가지고 있는 약점을 이해하기 위하여 SBM의 약점에 대하여 더 살펴본다.

(4) SBM의 한계

위에서 검토되었듯이 참여와 만족 그리고 성취와의 관계에 대한 연구 결과들은 일치하지 않고 있다. 학교 환경에서의 이러한 관계에 대한 연구 결과 또한 마찬가지이다. 그러면, 이러한 이론적 기대와 경험적 결과 사이에 존재하는 커다란 간격을 어떻게 설명해야 하나? 조직 변화 이론가들은 이에 대하여 매우 신중히 고려한 변화의 어려움으로 일반론적인 (generic) 인지론, 동기부여 이론, 그리고 심리학적 이론들을 제시하고 있다. 이에는 항상성 (homeostasis), 습관, 초기성 (primacy), 선택적 인식 및 유지 (retention), 의존성, 초자아 (superego), 자아불신, 불안감 및 회귀(regression), 규범 동조성, 체제적 일관성, 기득권, 신성성, 그리고 외부 침입자에 대한 거부 (rejection of "outsiders")(Benne and Birnbaum, 1969; Gersick, 1991; Watson, 1969).

위와 같은 변화 과정에 대한 어려움을 설명하는 일반적 이론이 변화와 관련하여 장애요소나 안정화 요소에 대하여 잘 설명하고 학교 변화 과정에 잘 적용되지만, 이론적 기대와 경험적 결과와의 괴리, 그리고 SBM 연구와 실제에 있어서 SBM과 원하는 결과간의 미약한 또는 논란스러운 관계에 대한 원인은 SBM 통치 구조의 한계와 구조 변화 자체의 불완전한 성격 때문이다. SBM의 한계에 대하여 아래에서 좀 더 자세히 설명된다.

① SBM 상황의 한계와 이에 따른 SBM 구조 설계의 한계

SBM의 설계 구조(the configuration of SBM)는 변화의 촉진자, 의사결정 권한의 영역, 운영위원회의 구성, 각 이해관계자의 상대적 권력 같은 SBM 통치 구조의 구체적 모양을 말하는 것이다. 설계구조는 교육구와 학교 간 그리고 단위학교 의사결정자들 간의 권력, 역할 기대,

그리고 관계를 규정한다. SBM 통치구조의 설계 구조는 주로 상황적 요소들에 의하여 정해진다 (Robertson, 1995a; Wohlstetter and McCurdy, 1991). 교육구의 정치적 조건, 교육구의 재정적 환경, 상위 정치체제의 분위기, 교육구의 지도력과 같은 상황적 요소들이 단위학교에 도입되는 SBM에 반영되는 여러 경쟁적 가치와 목표에 영향을 끼치게 되는 것이다 (Robertson, 1995a). SBM 통치구조의 한계도 이러한 상황적 요소에 의하여 결정된다. 이러한 상황적 한계를 설명하는 두 가지 이론이 있다. 하나는 참여에 대한 옹호가 도덕적이고 정치적인 논리에 치중하여 참여에 대한 실제적인 효과에 대한 증거가 부족함에도 친 참여적 (pro-partici-pation) 편견을 갖게 된다는 것이다 (Conway, 1984; Locke and Schweiger, 1979). 두 번째는 제도 이론 (DiMaggio and Powell, 1991; Meyer and Rowan, 1977; Scott, 1975)으로 조직은 이의 내부 구조를 외부 사회 조직과 일치하는 구조를 받아들인다는 것이다. 이러한 변화 역시 원래 의도한 목표 달성과 관계가 없다는 것이다.

SBM의 일반적 한계를 설명하는 이론에는 두 가지가 더 있다. SBM 에 대한 상징적 또는 정치 효용 이론(Malen, 1994)으로 이는 SBM이 리더십과 다른 결과에 대한 영향의 한계에 대하여 설명하는 것이다. 정치 효용 이론은 말하기를 SBM이 실제 학교의 성취를 향상시키는 능력 보다는 교육구가 위기에 처하여 갈등을 해결하거나 정통성을 얻어야 할 상황에서 정치 효용성을 갖는다는 것이다. 합리 선택 이론가들 (Chubb and Moe, 1985)은 매우 진보적 시각에서 어떤 형태의 통치구조 변화에 대한 동기 자체를 신랄히 비판한다. 그들은 어떠한 통치 구조도 단지 관료들이 그들의 기득권을 제도화하는 수단일 뿐이고 교육 상품권(a voucher system)제도가 현재의 관료 교육체제를 대체해야 한다고 주장한다. 학부모와 학생들이 교육 시장에서 교육상품권을 사용하여 그들이 원하는 교육 서비스를 선택할 수 있는 제도에서만이 책임성이 확보되며 관료제도는 단지 관료 자신들의 이익만을 위하여 운영된다고 주장한다.

　SBM의 한계를 설명하는 이러한 이론들이 SBM이 가지는 정치적, 실질적 효과를 배제하지는 않지만 SBM 상황 요소에 대한 이러한 이론들은 왜 SBM의 설계 구조(configuration) 가 기대된 결과에 부응하지 못하는지에 대하여 상당 부분 설명하고 있다.

　상황적 요소와 관련하여, SBM 설계 구조와 관련하여 주요한 이슈는 누가 개혁을 주도하느냐이다. 대부분의 개혁은 외부에서 주도되었다. 개혁이나 SBM이 풀뿌리 운동에 의하여 자생적으로 생기기보다 외부 이해관계자들에 의하여 강제될 때, "그런데, 누구의 문화냐? (whose culture is it, anyway?)(Cooper, 1988)라는 물음이 중요한 이슈가 된다. 학교에 외부 문화의 강제는 강한 저항에 직면할 수 있다.

　도입되는 SBM의 형태는 다양하지만 (Malen and Ogawa, 1988), 분권화되는 권위나 권한은 매우 제한된다 (David, 1991). 단위학교에서의 제한적으로 분권화된 의사결정 권한과 자유재량에 대해서 많이 자랑스럽게 이야기되지만 이는 교육구, 노조와의 계약, 주정부, 그리고 심지어 연방정부 규정에 의하여 더욱 제한된다 (David, 1989). 단위 학교로 이전되는 학교 자율성의 가장 중요한 세 가지 영역인 예산, 인사, 그리고 교과 과정에 대한 권한은 인사와 건물 보수 규정, 필수 교과서 비용, 매우 규정화된 교과 과정, 그리고 강제 시험제도에 의하여 일반적으로 제한된다. 면제 제도(waivers)가 제한된 분권화에 신축성을 부여할 수 있지만, 각 규정별(a rule-by-rule basis)면제를 주게 되어 있는 면제 제도는 실질적인 신축성을 증대시키는데 별 도움이 되지 못한다. "단위학교가 최소한의 권한 (예를 들어, 소규모의 재량 예산)을 받고 학교 운영위원회를 구성하여 일 년 계획도 작성하고, 연례 보고서를 준비하도록 요청받았을 때, 교사들은 이러한 요청을 단지 또 하나의 상부에서 요구하는 명령이라고 받아들이게 된다는 것이다." (David, 1989, p.51)

　교육구에서 일선학교로 이양된 권한은 제한되지만 이해관계자간에 분권화된 권한을 어떻게 분배하는가에 대한 기준 설정(parameters)도 잘 되어 있지 않다. 지역 통제, 행정 통제, 교장 통제라는 세 가지 형태의 SBM에서 한 이해 관계자 집단에 의한 다른 집단에 대한 지배는 이해 관계자간에 잠재적인 갈등의 소지를 가지고 있어 SBM의 민주적 정신에 비추어보아 매우 문제가 많다고 할 수 있다. "지역 통제형"은 권력을 교육구에서 일선 학교와 지역사회로 그리고 직업교육가로부터 전통적으로 의사결정에 관여하지 않던 학부모와 지역사회 구성원에게 옮기는 급진적인 제도이다. 이렇게 지역사회가 많은 권한을 갖게 되는 "지역 통제형"에서 직업 교육가들이 어떻게 영향을 받는지에 대하여 많이 알려져 있지 않다.

"행정 통제형"에서는 여전히 교육가들이 학교 운영위원회의 다수를 점하고 따라서 변화에 대한 많은 저항과 제한 요소를 고려할 때 그들의 권한을 유지할 가능성이 매우 높다 (Malen and Ogawa, 1988). 세 번째는 "교장 통제형"을 말하는데 이 제도 하에서는 학교 이해관계자간에 권력 관계가 바뀔 가능성이 많지 않다. 세 가지 형 모두 문제가 있지만 특히 교장 통제형은 학교에서 전통적 권력 관계와 가장 유사하여 문제의 가능성이 많다고 하겠다. 교장 통제형 하에서는 학교 운영위원회는 자문 역할만 하게 되는데, 이리하여 전통적 권력 관계가 지속될 것이다.

더욱 더 문제가 되는 것은 현재의 SBM하에서 의사결정 권한과 이에 상응하는 책임 구현 시스템간의 연결 고리가 부재하다는 것이다. SBM제도 하에서 책임성과 학교 성과에 대한 명확한 기준을 포함하여 분권화된 권한과 자원을 점검할 적절한 책임 제도가 부재하다는 것이다 (Chubb and Moe, 1990; Mohrman et al., 1992). Wohstetter and Odden (1992)이 강조하기를 SBM은 이의 설계 구조에서 명확한 책임 체제(a clear accountability mechanism)가 부족하다는 것이다. 그들이 말하기를 명백히 책임 구현 수단인 연례 학교 성취 보고서는 어떠한 "힘(teeth)"을 쓰지 못하고 있다는 것이다. 이러한 보고서는 학교의 저조한 성취에 대하여 책임을 물지 못하고 단지 정보만 제고하는 역할을 한다는 것이다.

일반적으로 특정한 형태의 SBM의 효능성에 대한 연구가 부족하지만, Malen and Ogawa (1988) 가 SBM 통치 구조의 설계 구조에 있어서 SBM의 잠재적 한계에 대하여 가장 강력한 증거들을 제시하였다. 그들은 자기들의 연구를 "혼돈스러운 사례(a confounding case)"라고 불렀는데 이는 그들의 연구 기대를 연구 결과에서 얻지 못했기 때문이다. 그들은 그들의 연구결과에 대하여 높은 연구 기대를 가지고 있었는데 왜냐하면 그들이 연구한 학교 운영위원회는 매우 폭넓은 권한(broad jurisdiction), 공식적 의사 결정 권한, 동등성 보장 (parity protections)(모든 당사자가 동등한 투표권을 가진다), 그리고 교육 조항과 같은 매우 호의적인 통치 구조(governing arrangements)를 가지고 있었다. 이러한 매우 호의적인 SBM 운영위원회 구조 하에서도 전통적인 권력 관계는 바뀌지 않았고 교장은 자기들의 권력을 유지하였다. 그들이 발견하기를 다음과 같은 요소들이 학교 운영위원회를 단순히 보조적 의사결정 기구로 전락시키고 교사-학부모의 동등한 권한을 교장과 직업 교육가의 통제하며 전통적 권력 관계를 유지하게 하였다는 것이다: 학교운영위원회 위원들의 유사한 배경, 교장과 직업 교육가들에 대한 상대적인 권력과 역할 성향, 예절과 시민적 행동의 규범, 교육구의 감독과 지원의 성격, 화기애애한 문화, 그리고 안정적인 환경. 이러한 변화에 대해 제한 요소들에 대한 수정이 권력 관계를 바꿀 수 있을지는 해결되지 않은 문제로 남아 있다. 권력 관계를 변화시키는데 이러한 제한 요소를 어느 정도 수정해야 하는지에 대하여는 더욱 밝혀져 있지 않다.

SBM이 단지 권력관계에만 초점을 두고 있는 개혁 전략으로서 한계는 널리 알려져 있다. SBM은 여러 형태를 띠기는 하지만 대부분의 SBM은 주로 통치 구조에만 초점을 두는 비교적 온건한 (moderate) 형태의 학교 재구조화 프로그램이다 (Conley and Bacharach, 1990, Wohlstetter and Odden, 1992). Mohrman, Wohlstetter, 그리고 동료들(1994)이 쓴 저서는

SBM이 권력에만 초점을 두고 있다고 지적하며 학교가 높은 성취를 이루기 위해서는 세 가지의 추가적 요소인, 지식, 정보, 그리고 보상이 SBM의 분권화 전략으로 분권화될 것을 주장하고 있다. 이들은 Lawler (1986)의 높은 참여 관리 모형 (high-involvement management model)을 원용하고 있는데 Lawler (1986)의 높은 참여 관리 모형은 SBM 설계 구조의 한계를 잘 설명하고 있다. 높은 참여 관리 모형은 단지 권력만이 아니라 지식, 정보, 그리고 보상과 같은 다른 요소들도 분권화 되고 공유되어 리더십과 학교 문화를 변화시키도록 해야 한다는 것이다. Lieberman and Miller (1990, p.760)는 학교 재구조화에 대하여 원칙, 기준, 아이디어, 신념, 그리고 가치에 기초한 다섯 가지 새로운 사고방식을 주창하고 있다: 1) 모든 학생을 위한 양질과 평등성을 진흥시키기 위한 교과 과정과 교수법에 대한 새로운 사고방식; 2) 학교의 구조에 대한 새로운 사고방식; 3) 학생을 위한 풍부한 학습 환경과 어른을 위한 직업적으로 지원이 잘되는 근무 환경이라는 두 가지 조건에 대한 초점; 4) 파트너십과 네트워크를 만들어갈 필요성에 대한 인정; 그리고 5) 학부모와 지역 사회의 참여 증대에 대한 인정. 그들의 논의에서도 구조적 변화는 단지 재구조화 과정의 일부이다. 이러한 논의는 체제적 변화 노력과 SBM의 보다 확대에 대한 요청과 일치하는 것이다 (David, 1989; Wohlstetter and Odden, 1992).

Malen 과 Ogawa (1988) 의 연구 사례는 그들이 인정하였듯이 결론을 내리기보다는 제안적이기는 하였지만 SBM이 몇 가지의 통치 조항에만 초점을 두는 것은 새로운 형태의 의사결정 유형을 이끌어 내는데 충분하지 않다는 것을 의미한다. Robertson, Wohlstetter, 그리고, Mohrman (1995)은 Lawler (1986)의 모델을 확장시켜 지식, 정보, 보상, 교수 지도, 리더십, 그리고 자원과 같은 높은 수준의 혁신학교를 위한 여러 가지 지지 조건을 제시하였다. 그들의 연구는 높은 수준의 혁신 학교는 일반적으로 이러한 지지 조건을 가지고 있을 것이라는 가설을 지지하였다.

SBM 설계 구조의 한계는 구조 개혁 자체가 가지는 한계에 의하여 더욱 제한될 수밖에 없음을 다음에서 설명하고 있다.

② 구조 변화 자체의 한계

공식적 구조변화 자체의 한계는 지금까지 개혁 모형에서 소홀히 다룬 리더십과 문화라는 조직화의 요소에 의하여 보완될 수 있다. 조직화의 이중적 측면은 구조-리더십, 공식적-비공식적이라는 이분법에 의하여 표현된다.

효과적인 리더십 없이 구조 변화 혼자서 효과적인 학교 개혁의 마법적인 처방이 될 수 있다는 믿음에 대한 한계가 잘 지적되었다 (Conley and Bacharach, 1990; Malen and Ogawa, 1988; Purkey, 1990; Sagor, 1992). 교육구가 단위학교로 권한을 이양하지만, 학교의 행정가들이 전통 관료 방식의 관리에 집착한다면 학교들은 효과적인 학교로 변혁될 수 없다. 리더십이 개혁에 대한 원래의 기대에 부응하지 못한다면 학교 개혁 과정의 어려움은 더욱 악화될 수 있다. Purkey (1990) 또한 SBM의 한계에 대하여 매우 설득력 있게 설명하고 SBM을 구체화하는데 리더십의 핵심적인 역할을 강조했다.

"SBM은 학교 구성원들의 일에 영향을 끼칠 수 있는 이슈에 대한 권력의 위치 (locus) 와 배분에 변화를 허락하지만 변화를 *보장해주지는 못하는* (강조 추가됨) 학교 의사 결정 과정을 재구조화하는 단지 하나의 수단이고 기술일 뿐이다. SBM은 관리 도구 또는 대안적 구조의 형태로 교사의 사기에 영향을 주고, 새로운 수업과 학습 방법을 개발하기 위한 유인책을 만들고, 학교 구성원들에게 학교에 대하여 통제 권한을 주고, 학교가 교육적으로 효과적으로 되는데 장애가 되는 요소를 제거하는데 도움을 주는데 *사용될 수* (원래 강조됨) 있다. 그러나 이러한 긍정적인 일들은 교육구가 SBM을 도입한다고 해서 일어나지는 않는다. SBM 프로그램을 관장하고 있는 학교 구성원들이 이러한 이슈에 대하여 구체적으로 그리고 실천적으로 다룰 때

야기될 수 있는 것이다. SBM이 학교 구성원들에게 이러한 문제를 다루도록 공간을 제공할 수 있지만, 학교를 향상시킬 수 있는 것은 SBM *자체* (원래 강조된)가 아니라 *야기된 변화* (강조 추가됨) 이다. (p.373-374)

이리하여 재구조화 과정에서 구조 변화는 리더십이 그것을 지지하고 구조 요소의 정적인 성격을 보완할 때 그것의 완전한 잠재력을 완성할 수 있다.

공식구조와 비공식 조직의 이원적 차원과 그들 간의 간격 (decoupling) 이 잘 설명되었다 (Barnard, 1968; Blau and Scott, 1962; Katz and Kahn, 1966; Pfeffer, 1981; Scott, 1975). 그들은 같은 현상에 대한 상호 의존적 측면을 말하는 것이다. Blau and Scott (1962)는 개념적 구분을 하였지만 불가분의 관계를 설명한다.

조직이 공식적으로 만들어졌다고 해서 구성원들의 모든 활동과 상호 작용이 공식적인 계획에 엄격하게 일치해야 한다는 것을 의미하지 않는다. 관리가 합리적인 조직도를 만들어 절차 교범을 정교하게 만드는데 쓴 시간과 노력에도 불구하고 이러한 공식적 계획은 조직 구성원의 행동과 사회적 관계를 완전히 결정할 수는 결코 없다……모든 공식적 조직에는 비공식적 조직이 생긴다. 조직 집단의 구성원들은 자기들이 살아가고 함께 일을 하며 자기들만의 업무 관행, 가치, 규범, 그리고 사회적 관계를 만들어 간다. (p.5-6)

조직을 이해하고 변화시켜 가는데 공식적 조직의 한계는 조직 문화 이론가들에 의하여 잘 논의되었다 (Alvesson, 1990; Louis, 1983; Morgan, 1981; Ott, 1989; Ouchi and Wilkins, 1985; Smircich, 1983). 문화 모형의 기본적 논의는 문화 모형이 조직에 대하여 보다 풍부한 이해를 제공해 줄 것이며, 사람들은 조직의 공식적인 규정이나 구조보다 겉으로 보기에는 비이성적이고, 다루기 어렵고, 그리고 비공식적인 측면에 의하여 더욱 통제된다는 것이다. 예를 들면, 미국과 일본의 회사의 공식적 측면에 대한 비교 연구는 어떤 아주 중요한 차이를 발견하지 못하였지만, 비공식적인 문화는 매우 다름을 발견하였다 (Ouchi and Wilkins, 1985). 진부한 이야기로 들리지만 조직의 공식적 그리고 비공식 측면 둘 다 계획된 변화 노력에서 고려되어야 한다 (Benne and Birnbaum, 1969). 학교 리더십과 문화는 학교 체제의 비공식 측면으로써 학교의 공식적 측면인 SBM의 통치 구조를 보완한다. 이 두 가지 요소가 다음 두 섹션에서 다루어진다.

2) 발전적 학교 리더십

리더십은 조직 그리고 사회 이론에서 독특한 지위를 차지하고 있다. 많은 사람들은 그것에 의하여 매료되기도 하고 또한 많은 사람들은 그것을 회피하기도 한다.[5] 리더십의 신화적, 심미적, 그리고 비가시적 (ethereal) 성격은 사회 과학자들에게는 야누스적 둘의 얼굴로 보인다. 많은 사회 과학의 개념이 역설적이듯이, 어떤 사람들에게 이는 전체주의, 엘리트주의, 자의성, 비과학적 개념 또는 영웅에 대한 맹목적 매료를 의미한다. 반대로 다른 사람들에게는 기계적 금수를 인간적으로 통제하는 것으로, 신적인 존재로, 또는 예술적 미로 비추어진다. 과학을 확실성과

---

[5] 리더십 문헌은 두 개의 학파로 나누어져 있는데 한 소수 그룹은 리더십 행태가 조직에 별 영향이 없다고 믿고 다른 다수 그룹은 조직이 기능하는데 리더십의 중요한 역할을 한다고 믿는다 (Pfeffer, 1981; Cuban, 1988a). 전자는 리더십은 사회체제에 의하여 구속되어 영향력이 별로 없다고 믿고 후자는 리더십의 적극적인 역할을 믿는다. 하지만, 리더십의 의미와 역할은 사회적, 역사적으로 형성되어 (Berger and Luckman, 1966), 정적인 규정을 거부한다. 리더십이 조직의 기능에서 중요한 변수인지는 실증적인 질문이다.

합리성과 동일시하는 많은 사회과학자들은 리더십의 이러한 예술적이고 신화적인 성격에 대하여 불안해하지만, 또 다른 사람들은 이것을 조직과 사회의 능력을 위한 무한한 잠재력과 동일시한다.

발전적 리더십 모형을 제시하기 전에 전통 리더십 이론을 비판적으로 검토한다.

(1) 전통 리더십 이론의 비판적 검토

수십 년간의 학문적 연구에서 350개 이상의 리더십의 개념이 만들어졌고 (Bennis and Nanus, 1985), 조직 관련 그리고 일반 리더십 관련한 문헌은 이루 헤아릴 수가 없어 소화해내기가 어려울 정도이다.[6] 이렇게 많은 연구가 있지만 이는 세 가지 줄기로 분류해 볼 수 있다. 첫째는 대부분의 문헌은 공식적 리더십을 다루고 있고, 둘째는 대부분의 문헌은 리더십 유형에 대한 단순한 분류에 초점을 두고 있고, 마지막 셋째로는 많은 문헌들이 리더십에 대한 합리적이고 경제적 인간에 가정한 연구를 하고 있다.

리더십이 일반 조직과 학교 상황에서 중요한 변수로 다루어지고 있지만 대부분의 초점은 CEO나 교장과 같은 공식적 리더에만 초점을 두고 있다. 공식적 리더가 가지고 있는 공식적 권위와 영웅이 숭배되고 추구되는 문화를 고려할 때, 공식적 리더십에 대한 집착은 중요하지 않은 것은 아니다. 아직까지도 문헌은 공식적 리더십의 중요성을 지적하고 (Peters and Waterman, 1982), 교장이 학교를 변화시키는 리더십에서는 핵심적인 인물로 간주된다 (Conley and Bacharach, 1990; Feldman,

---

6) Bass (1981)의 리더십에 대한 문헌 조사에 따르면 리더십에 관한 참고 문헌이 5000개에 이른다고 한다.

1984; Goodman et al., 1980; Hallinger and McCary, 1990; Malen and Ogawa, 1988; Nickerson, 1980). 공식적 리더십이 덜 중요한 것은 아니지만 비공식적 리더십이 받아야 되는 관심은 그동안 희생되었다고 할 수 있다. 공식적 리더십에 대한 과도한 초점으로 인해 슈퍼 영웅이 열등한 다수를 이끈다는 미신과 조직과 사회에서 관료조직에서의 리더십에 관한 과신에 빠졌다. 학교 선생님이 교실의 리더라는 잃어버린 단어를 부활하고 이를 리더십과 연결함으로써 상상, 혁신 그리고 적극성(initiative)의 언어를 재생시키게 된다 (Cuban, 1988a).

일반 리더십과 학교 리더십에 관한 전통적인 연구는 민주적-독재적, 구조-인간적 고려, 참여적-지시적 (Bass, 1985; Gardner, 1990; Pondy, 1978), 지시적 (instructional), 촉진적 (facilitator), 코치, 지원적, 또는 관리적 (Cuban, 1988a; Robertson and Briggs, 1995), 또는 특정 기술이나 지식 (Miller and Lieberman, 1982; Sergiovanni, 1982) 과 같은 리더십 유형이나 성향에 대한 단순한 분류에 치중하였다. 이러한 매우 제한적이고 구속적인 분류로 인해 리더십의 창의적인 측면을 희생하게 되었다 (Pondy, 1978, p.90).

Bass (1985) 또한 전통 리더십 연구에 대한 문제점을 지적하였다. 그동안 리더십에 관한 연구가 논리적 실증주의에 의하여 지배되었다. 이러한 전통은 리더십에 대한 연구가 경제학적 비용 편익, 분석적 교환 모형의 리더십 연구를 만들어 냈는데 이러한 모형은 인간에 대하여는 합리적 경제적 인간을, 그리고 이익 교환은 느끼고, 관찰하고, 기록하고, 그리고 측정하기 쉽다는 것을 가정한다. 이러한 리더십 모형은 리더와 부하와의 관계가 상징성, 신비주의, 상상과 환상적인 측면과 같은 좀 더 중요한 현상에 대한 설명을 하지 못한다는 것이다 (Bass, 1985, p.6). Hayes and Abernathy (1980)는 말하기를 미국의 경영학 교육 제도가 미래 지도자의 시각과 비전(breath and vision) 을 개발하는데 실패하였다는 것이다. 미국 교육 제도는 모험, 혁신, 그리고 장기적 시각은 키우지 못하고, 단기간의 재정적 목표, 직업 교육 기술, 게임 기술 (gamesmanship), 그리고 지나친 조심성과 비창의성만 장려했다는 것이다. Sergiovanni (1982) 또한 지적하기를 리더십에 관한 전통적 관심은 서구 사회에 일반적인 경영 문화를 반영하는 기술적 가치 (tactical values)인 능률성, 구체성, 합리성, 측정가능성, 그리고 객관성에 지나치게 치중하였다는 것이다. 목적, 선, 그리고 중요성과 같은 종합적 가치 (holistic values)는 별로 주목을 받지 못하였다. 리더가 무엇을 위해 존재하고 그리고 무엇을 다른 사람들에게 의사소통하는가가 특정한 리더십 유형보다 더 중요하다.

(2) 개발 리더십 (Developmental Leadership)

본 연구에서 리더십 모형은 Robertson과 Briggs (1992)가 개발한 개발 리더십 모형을 사용한다. 개발 리더십 모형은 비전을 개발하고, 비전에 대한 몰입을 개발하고, 팀을 개발하고, 개인을 개발하고 그리고 조직 구성원들이 활동 할 수 있도록 기회 조건을 개발해주는 것을 포함한다. 이 리더십 모형은 리더십에 대한 확장되고 총체적인 개념으로 리더십은 공식적, 비공식적 리더십을 모두 포함하며 조직 내의 모든 구성원에 의하여 행사될 수 있는 것이다. 이러한 총체적 리더십은 이미 다른 연구자들에 의하여 제시되었다 (Barth, 1988; Cuban, 1988a; Katz and Kahn, 1966; Ogawa and Bossert, 1995; Pondy, 1978). 이러한 리더십에 대한 다원적 접근은 이분법적인 전통 리더십 유형을 극복하고 단지 기술적, 관리 기술에만 제한되어 있지 않다. 개발 리더십 모형은 리더가 당위적으로 채택하는 특정한 유형이나 성향이 아니라, 리더가 보여주는 다양한 리더의 행태와 활동에 초점을 둔다. 리더십 유형과 성향에 관한 단순한 분류는 리더십에 관한 풍부한 개념을 반영한다. 이 개발 모형은 가정하기를 리더십은 관찰 가능하고 학습할 수 있는 일련의 행태라는 것이다. 이러한 리더십 모형은 조직과 리더십 연구에서 규범적이고 몰입에 초점을 두는 최근의 경향과 일치한다 (Cawetti, 1982; Peters and Waterman, 1982; Robertson and Tang, 1995; Sergiovanni, 1982). Pondy (1978)가 다른 언어의 창의적인 역할을 말했듯이, 개발 리더십에 의한 리더십의 새로운 개념화는 리더십의 새로운 세계를 보여주고 복잡한 리더십 현상에 대한 풍부한 이해를 가능하게 하여준다.

① 비 전

공유된 비전 개발은 리더십이론의 가장 중요한 차원이 되었다 (Bennis and Nanus, 1985; Berlew, 1974; Clark, 1970; Kouzes and Posner, 1987; Porras and Silvers, 1991; Robertson and Briggs, 1995; Selznick, 1957). 명확한 비전을 가진 리더는 그가 전달하는 아이디어만큼이나 강력하다 할 수 있다. 비전을 가진 리더는 "다른 사람의 희망과 꿈속에 생명을 불어 넣어주고 그들로 하여금 미래가 가지고 있는 흥미진진한 가능성을 만들어주고 (Kouzes and Posner, 1987, p.9-10), 가치, 몰입, 열망에 기초하여 조직의 정서적 그리고 정신적 자원을 만들고 동원하고 (Bennis and Nanus, 1985, p.92), 인간 에너지에 초점을 부여하고 (Kouzes and Posner, 1987, p.98), 일관된 지침이 무엇인지 알기 때문에 사람들로 하여금 매번 상위 직에 있는 사람들에게 의존하지 않고 결정하게 한다 (Bennis and Nanus, 1985, p.92; Peters and Waterman, 1982).

학교의 성공을 위하여 공유된 비전을 개발하는 것의 중요성도 또한 제시되었다 (Newmann, 1991; Lieberman and Miller, 1990). 학교로 하여금 비전을 개발하고, 목표를 세우고, 높은 기대를 만들도록 도와주는 리더는 효과적인 학교와 비효과적인 학교를 구별해준다 (Wohlstetter and Smyer, 1994). 부하의 에너지를 비전으로 향하게 하고 이용하는 것은 학교 리더십 과정에서 필수적 과정이다 (Cuban, 1988a, p.191).

비전은 "꿈처럼 막연하기도 하고 목표나 임무헌장처럼 구체적이기도 한," (Bennis and Nanus, 1985, p.89) "조직에 미래에 대해 가지고 있는 가능한 그리고 바람직한 마음의 영상" 또는 "미래의 이상적이고 독특한 영상" (Kouzes and Posner, 1987, p.85)으로 규정된다. 비전은 공유된 가정, 신념, 아이디어, 전통, 역사, 그리고 "마음의 습관"에 뿌리를 내리고 또한 담겨 있다 (Bellah, Madsen, Sullivan, Swidler, and Tipton, 1985; Bennis and Nanus, 1985; Cuban, 1988a; Gardner, 1990; Kouzes and Posner, 1987).

리더십은 교육, 학습, 지역사회 만들기, 화기애애, 인격 개발 그리고 다른 학교의 이슈나 관심과 관련한 공유된 목적, 신념, 가치, 그리고 개념을 개발하는 것을 포함한다 (Sergiovanni, 1994, p.7). 비전이 있는 리더는 SBM의 정신과 가치와 일치하는 공유된 비전을 개발하기 위해 이러한 활동을 한다. 리더십 행태는 비전과 임무헌장을 수정하고, 비전을 개발할 태스크포스를 만들고, 그리고 아이디어를 공유하고 의견들을 개진할 기회를 개발하는 등 다양한 활동을 한다. 리더의 행태와 행동은 학교의 비전과 목표와 연결되어야 한다. 이러한 과정에서 리더는 다른 사람들을 비전에 가담시키기 위하여 다른 사람의 꿈, 희망, 열망, 비전 그리고 가치에 대하여 잘 알아야 하고 (Kouzes and Posner, 1987, p.10), 이러한 다양한 가치와 열망을 공유된 비전에 접합하도록 하는데 전문가가 되어야 한다.

② 몰입 (Commitment)

공유된 비전과 가치에 대한 몰입이 개발될 때만이 개발된 비전을 충분한 기능을 수행할 수 있을 것이다. Robertson and Briggs (1995)는 비전에 대한 몰입을 이끌기 위한 세 가지 과정을 설명한다. 첫째는 비전을 잘 전달하고, 둘째는 행동을 통하여 그것을 강화하고, 마지막으로는 학교 문화를 강하게 하는 것이다. 몰입을 개발하기 위하여 비전을 잘 전달하는 첫 번째 중요한 측면은 리더 스스로가 학교 비전에 몰입하는 것이다 (Snyder, Dowd, and Houghton, 1994). 효과적인 리더는 비전과 가치를 전달하기 위하여 모든 기회를 이용할 줄 안다 (Peters and Waterman, 1982). 리더는 적당한 때에 항상 비전과 연결하여 말하고 조직에서의 의사결정과 행동들이 비전에 근거를 두어야 함을 요구해야 한다 (Bennis and Nanus, 1985).

비전을 다른 사람에게 전달하는 것뿐만 아니라 언행일치도 비전에 대한 몰입을 개발하는데 중요하다. 정부와 기업에 있어서 리더십에 대한 신뢰가 줄고 있다는 여러 증거들을 인용하며, Michell과 Scott (1987)가 "신뢰는 지도자와 추종자를 묶어주는 정서적 아교이다. 신뢰의 축적은 리더십의 정통성을 측정하는 지표이다. 신뢰는 강제되거나 돈 주고 살 수 있는 것이 아니라 노력에 의하여 얻어져야 하는 것" 이라고 말한다. 신뢰는 모든 조직의 기본적 재료이고, 조직을 유지하는 윤활유이다 (Bennis and Nanus, 1985, p.153). 리더에 대한 믿음과 신뢰는 조직 구성원들이 새로운 행태를 보여줄 것인지를 결정한다 (Goodman et al., 1980). 행동에 대한 믿음이 부하들이 지도자를 지속적으로 추종할 것인지를 결정하는 유일하고 가장 중요한 요소이다 (Kouzes and Posner, 1987, p. xvii). 리더십 특성을 연구한 여러 서베이 조사에서 정직과 성실성이 다른 어느 특징보다도 가장 자주 언급되었다 (Posner and Schmidt, 1984).

위에서 언급되었듯이, 비전은 공유된 가정, 신념, 그리고 의미에 뿌리를 두고 있다. 이리하여, 비전에 대한 몰입을 개발하는 가장 주요한 수단은 조직의 상징을 효과적으로 관리하는 것이다. 이는 조직 변화 이론에서 가장 일관된 주제이다 (Bennis and Nanus, 1985; Kouzes and Posner, 1987; Peters and Waterman, 1982; Pfeffer, 1976; Robertson and Tang, 1995; Schein, 1985; Weick, 1969). 조직의 상징을 관리하여 조직 문화를 발전시키는 것은 정서적 흥분을 야기하여 조직 구성원의 조직에 대한 몰입을 키운다 (Berlew, 1974; Martin and Siehl, 1983; Pettigrew, 1979; Pfeffer, 1981). 조직의 이야기, 신화, 의식, 이념. 그리고 언어들을 위대한 윤리적 원칙과 연결함으로써 조직 구성원들의 주의를 조직이 추구하는 의식, 목적, 그리고 특별함(distinctiveness) 을 동원 시킨다 (Pettigrew, 1979). 강한 개인과 조직과의 연결과 조직에서 개인의 충성심을 이끌어내는 영감은 강한 문화에 의하여 만들어진다. 비전을 가진 리더는 비전이 무엇인가 구체화하고 전달하고, 조직이 이에 몰입하도록 하는 방법으로써 은유, 상징, 의식 (ceremonies), 그리고 상징표지 (insignias) 를 광범위하게 사용한다. 상징 관리자로서 리더의 역할은 조직 구성원의 몰입을 이끌어내고 공유된 비전과 가치에 대한 연감을 부러 일으켜 개인의 가치와 조직의 가치를 일치 시킨다 (Chatman, 1989; Robertson and Tang, 1995). 리더는 어떻게 중요한 사건과 위기에 관심을 기울이고 반응하느냐에 따라 문화를 만들어간다 (Schein, 1990). 리더는 상징을 조직하고, 행동의 패턴을 만들고, 상호 작용의 환경을 만드는 매일 매일의 일상적인 일련의 활동을 관리하며 조직을 변화시키는 것이다. 리더들은 충원과 사회화 과정을 조직의 비전과 가치를 구성원에게 주입하기 위한 수단으로 사용하여 조직 구성원들이 비전과 가치에 몰입하도록 한다 (Robertson and Tang, 1995; Van Maanen and Schein, 1979).

상징을 관리하여 조직의 몰입을 키우는 것도 또한 학교 리더의 중요한 기능으로 간주된다 (Cuban, 1988a; Hallinger and McCary, 1990; Lieberman and Miller, 1990; Little, 1982; Sagor, 1992; Sapier and King, 1985; Sergiovanni, 1994). 학교 단위에서의 교장의 중요한 업무는 또한 협동적인 학교 문화의 이상을 지지하고 배양하는 것이다 (Leithwood, 1992; Lieberman and Miller, 1990). 효과적인 교장은 변화 과정에서 이해 관계자들이 중요한 문화적 규범이나 가치를 공유하도록 한다 (Hallinger and McCary, 1990, p.93). 학교 리더들은 반복적이고 일상적인 행위들을

2. 이론 배경 53

학교의 목표와 비전으로 연결시키고 (Hallinger and McCary, 1990), 일상적인 활동에 의미를 부여한다 (Cuban, 1988a). 문화에 의식적인 리더들은 "항상 이러한 문화적 규범을 인식하고 매일 매일의 상호 교류, 결정하고 일들이 벌어지는 양식에 영향을 준다" (Sapier and King, 1985, p.72).

효과적인 리더들은 사람들에게 보상하여 비전에의 몰입을 개발시킨다. 보상 체계는 어떠한 행태들이 가치 있는지에 대하여 메시지를 전달하고 개인의 이익과 조직의 임무가 일치할 수 있는 메커니즘이다 (Kouzes and Posner, 1987; Mohrman et al., 1992; Schein, 1990). 리더는 조직의 구성원들에게 항상 가시적으로 가까이 있기 때문에 보상하는데 있어서 매우 특별한 역할을 담당한다 (Kouzes and Posner, 1987). 효과적인 리더는 참여를 관리하는데 있어 공식적이고 외재적 (extrinsic) 보상뿐만 아니라 비공식적이고 내재적인 (intrinsic) 보상을 동원한다 (Kanter, 1982). Peters and Waterman (1982, p.58, 72)에 의하면 "성공적인 회사는 비금전적인 인센티브인 내재적 동기부여를 특별히 광범위하게 사용한다는 것이다. 특히, 심리적 정서를 고양시키는 활동(full of hoopla)을 많이 활용한다." 효과적인 리더는 바른 방법으로 올바른 일을 하는 조직 구성원에게 항상 주의를 기울여 그들의 승리를 축하하고 이렇게 함으로써 그들로 하여금 핵심적인 조직의 가치에 관심의 초점을 갖게 하고 중요한 조직의 사건들에 관심을 기울이게 한다 (Kouzes and Posner, 1987, p.264-265).

효과적인 리더는 내재적, 그리고 외재적 보상 체계를 둘 다 사용하여 부상하고 공식적 그리고 비공식적 보상 구조를 제도화 한다 (Wohlstetter and Briggs, 1994). 어떤 보상 체계가 어떤 유형의 학교를 위해 만들어지느냐에 따라 내재적 그리고 외재적 보상의 균형적인 혼합이 바람직하다. 교사의 업적이 요즘 사회에서는 즉시 인정되거나 잘 평가되어지지 않기 때문에 내재적 보상은 학교 교원과 다른 구성원들에게 점점 사라지고 있는 존엄성(the fading dignity)을 회복시켜줄 것이다. 동료와 다른 사람들 앞에서 교사들의 직업 전문적인 강점과 통찰력을 인정해주는 것은 그들로 하여금 자기들의 재주와 지식을 공유하게 하고, 중요한 결정을 내리게 하고, 그리고 필요할 때 다른 사람들에게 멘토가 되도록 한다 (Barth, 1989, p.241; Wohlstetter and Briggs, 1994, p.17).

③ 팀 개발

비전과 비전에 대한 몰입을 개발하는 것은 조직 구성원들이 같은 방향과 목표를 향하도록 하는데 반해, 팀은 조직의 기본 단위 역할을 수행하고 (Peters and Waterman, 1982), 조직 구성원들이 효과적으로 일을 성취하도록 하는 업무 단위인 것이다. 이들 리더들은 팀이 효과적으로 관리되고 이용되면 개인을 합친 것보다 더 많은 성취를 낸다는 것을 알고 있다. 사람들은 다른 사람이 항상 알고 있지 못하거나 공유하지 않는 특정한 지식을 가지고 있다. 팀이란 다른 유형의 리더와 기술들이 팀 구성원 간에 동시에 공유될 수 있는 공간 (arena)인 것이다 (Gardner, 1990, p.150). Reich (1987)는 팀이 집단적 능력을 발휘하는데 있어서 "영웅 (hero)"으로 다음과 같이 치켜세운다. "개인의 기술들은 집단내로 통합되고 이러한 혁신에 대한 집단적인 능력은 부분의 합보다 더 크다. 시간이 지남에 따라 팀의 구성원들은 여러 무제와 해결방법들을 가지고 일을 해봄으로써 다른 구성원의 능력에 대해서도 배우게 된다. 그들은 어떻게 서로 도와가며 더 많은 성취를 낼 수 있는지, 각자가 특정 프로젝트에 어떻게 공헌 할 수 있는지, 그리고 다른 사람의 경험을 어떻게 이용할 수 있는지를 배우게 된다…… 많은 작은 크기의 적응의 결과들은 조직 전체에 걸쳐서 효과를 가게 되어 조직 전체를 앞으로 나아가게 하는 것이다"(p.81).

팀의 역할은 상호 의존적이고, 불확실하고, 창의적이고, 복잡하고, 그리고 구조화되어 있지 않은 업무와 문제가 구성원들 간의 좀 더 역동적인 상호작용이 요구되는 교육 환경에서 더 중요하다 (Morhman et al., 1992). 학교에서는 교육에 대한 새로운 견해들이 나타나고 있는데 교원으로 구성된 팀들이 교수법과 학습에 관한 의사결정을 하도록 권한을 부여받고 이러한 업무를 수행하는데 함께 일한다 (Wohlstetter and Morhman, 1994). "교사들이 협동적인 상황에서 일함으로써 새로운 아이디어에 접하게 되고 문제에 대하여 함께 일을 하게 되고 그리고 자기네 업무의 복잡성을 가장 잘 이해하는 바로 자기 동료들로부터 배운다" (Lieberman, 1988, p.7).

팀의 역할이나 기능을 이해하는 효과적인 리더들은 팀을 학교의 공식적 통치 구조에 제도화 시킨다. 이러한 리더들은 전통적으로 관리자의 배타적인 영역으로 간주되었던 분야에 관하여 팀이 보다 많은 의사결정 권한과 재량권을 행사하도록 한다. 좀 더 급진적인 학교의 지도자들은 학교 운영위원회를 업무 그룹으로 대치하여 여러 소위원회를 구성하는데 이들은 운영 (operations), 평가와 측정 (assessment and measurement), 교직원 능력 개발 (staff development), 시설 관리 (facilities), 그리고 조직 발전 (organizational development) 소위원회로 나뉘어 있다 (Wohlstetter and Briggs, 1994, p.16). 업무 그룹 외에도, 리더는 충원 인터뷰, 위기 상황 관리, 또는 외부 자금 신청 기회 탐색과 같은 특정한 욕구를 해결할 임시 소위원회도 만들어 운영한다 (Wohlstetter and Briggs, 1994, p.16). 성공적인 리더는 수직적 그리고 수평적 업무 그룹을 모두 활용하여 교사, 학부모, 그리고 지역 사회 인사들을 모두 참여시킨다 (Wohlstetter and Briggs, 1994, p.16).

성공적인 팀을 개발하는데 필요한 여러 가지 조건들이 있는데 이는 관리 기술뿐만 아니라 고려되어야 하는 여러 조직의 요인과 이슈들이 있다 (Hackman and Walton, 1986). 예를 들면, 리더들은 다음과 같은 요소들을 팀의 효과적인 업무 수행을 위하여 잘 갖추어야 한다는 것이다. 집단의 특징으로는 구조, 구성, 목표와 규범이 있고, 팀 구성원의 특징으로는 지식과 기술, 노력 정도, 성취 전략이 있고, 조직 상황 요소로는 자원, 보상체계, 정보 체계가 있다. 학교 환경에서 팀이 효과적으로 기능하기 위하여 갖추어야 할 필수 요건 중의 하나는 팀이 함께 일할 수 있는 시간 같은 여유 자원(slack resources) 을 제공할 수 있어야 한다. 여러 팀에서 일을 하려는 교사들에게 추가 여유 시간이 필요한 것이다 (Barth, 1989).

효과적인 지도자는 팀을 제도화하는데 많은 노력을 기울이는 반면에 팀이 얼마나 잘 관리되는가 또한 리더가 얼마나 효과적인가를 나타내는 중요한 지표이다. 팀을 효과적으로 이용하고 관리하려면 리더는 팀에 대한 강한 몰입을 할 수 있어야 한다. 이러한 리더는 다른 사람들을 참여하게 하는 촉진자 역할을 한다. 이러한 지도자는 토론을 장려하고 팀에 의한 결정을 존중한다. 팀을 관리하는데 있어 회의 시간을 다른 사람들이 참가하기에 편리하게 정하고 회의록이 제공된다.

팀은 자기 폐쇄적인 (self-contained) 경향을 가지기 때문에 여러 팀들 간의 효과적인 조정 또한 팀을 개발하는데 중요한 측면이다. 특히, 중고등 학교에서의 학급 중심의 관리 (departmentalization) 는 문제이다. 효과적인 리더는 여러 집단들을 위해 회의 시간을 조정할 뿐만 아니라 조정을 위해 독자적인 팀을 만든다.

④ 개인 개발(individuals)

개인의 능력과 잠재력을 개발하는 것은 효과적인 리더가 효과적인 조직을 만드는 주요한 메커니즘 중의 하나이다. 개인의 능력을 믿고 긍정적 기대를 갖는 것이 잠재력을 개발하는데 필수 조건이고 이러한 개인의 잠재력이 발휘되도록 하기 위한 자성 예언 (self-fulfilling prophesy) 을 강화하는 메커니즘이 된다 (Eden, 1984; Gardner, 1990; Bass, 1985). 리더가 긍정적인 기대를 갖고 사람이 무엇보다도 가장 중요한 자산(asset) 으로 인정될 때 조직은 수월성을 보여줄 수 있는 것이다 (Bennis and Nanus, 1985; Gardner, 1990; Peters and Waterman, 1982). Conley and Bacharach (1990, p.541)는 이러한 이슈를 바로 지적하여 말하기를

SBM의 성공은 학교의 행정가들이 교사와 그들의 업무를 다음의 세 가지 가치와 관련하여 어떻게 바라보고 있는가에 달려 있다. 첫째는 교사는 교수법 지식(pedagogical knowledge)에 대하여 주요한 책임을 가지고 있다. 둘째는 강의 활동은 틀에 박힌 것이 아니다. 셋째는 교사의 주요한 업무 활동은 의사 결정을 하고 문제를 해결하는 것이다.

개발 리더는 책무성을 다른 사람에게 위임한다. 전통적으로 많은 지도자들은 다른 사람들에게 권한을 넘겨주거나 권력을 공유함으로써 권력이나 통제력을 잃어버리는 것에 대하여 두려움을 가지고 있다. 이러한 리더들은 권력을 독점하는 것이 그들에게 강한 안전감을 줄 것이라는 잘못된 믿음에 갇혀 있었던 것이다. 이러한 지도자들은 집단적인 리더십이나 능력을 키우는 것 보다는 자기의 지위를 키우기 위하여 권력을 사용하는데 집착하여 왔다. 권력은 제로섬 게임이라는 미혹된 신념을 벗어 버리는 데에 예리한 관찰자를 기다려야 했다. Follet (Fry, 1989, p.116)은 협력적인 태도를 개발하기 위하여 계층적인 "통제적인 권력(power-over)" 이 아니라 "권력을 공유(power-with)" 하는 자세가 필요함을 주장하고 있다. 이제는 리더십은 파저티브 섬게임이고 권위는 그렇지 않다는 것이 널리 받아들여지고 있다 (예로, Bachrach and Aiken, 1976; Bryson and Crosby, 1992; Kanter, 1979; Kouzes and Posner, 1987). 리더는 보다 향상된 강의 능력을 개발하기 위하여 누구에게 대하여 권력을 행사는 것이 아니라 다른 사람을 통하여 일을 수행하고, 학교 문제를 해결하는데 있어서 집단적인 능력을 어떻게 하면 가장 잘 활용할 수 있을까를 배운다 (Dunlap and Goldman, 1991; Leithwood, 1992; Parks and Barrett, 1994). Berlew (1974)는 말하기를 효과적인 리더의 행태는 조직 구성원들이 보다 많은 권력을 가졌다고 느끼게 하고, 자기들의 운명에 대하여 스스로 통제하게 하고, 그리고 주위 세상에 대하여 더욱 영향력을 가지게 하여 일에 대한 의미를 부여하고 조직의 열성 (organizational excitement) 을 만든다.

사람을 믿고 긍정적인 기대를 가지고 있는 리더는 또한 교육의 중요성을 인식하고 다른 사람의 기술과 지식을 개발하는데 관심을 갖는다. 흔한 "지식이 힘이다"라는 속담은 지식의 권력 구조에 대한 역사적 의미를 잘 나타낸다. 인간 지식의 축적과 팽창은 사회 계급, 피부색, 성별, 그리고 나이에 기초한 사회적 편견을 깸으로써 사람들 간의 지식의 공유를 증가시켜 나가는 것과 함께 간다. 아직도 관리자들은 부하의 지식과 능력을 과소평가한다. 강조되어야 하는 사실은 관리자난 전문가들이 항상 부하 보다 더 잘 알고 있는 것은 아니라는 것이다. 개인들은 자기들 수준에서의 문제를 해결하기 위하여 지역의 지식을 활용하여 리더 주도권과 책무성을 행사할 준비가 되어 있어야 하며, 중하위 수준의 리더십에서의 활력(vitality)이 상위 수준에서의 리더십에 보다 많은 활력을 만들 수 있을 것이다 (Gardner, 1990; p. xvii). 이리하여, 성공적인 직원 참여를 위해서는 보다 많은 교육이 이루어지는 것이 첫 번째 중요한 단계인 것이다 (Kanter, 1982). "학습은 새로운 이해, 새로운 아이디어, 새로운 도전을 끊임없이 자극시킴으로써 동력을 유지시켜주는 리더를 위한 필수적인 연료이며 고수준의 에너지 원천이다."(Bennis and Nanus, 1985; p.188)

적당한 지식 없이는 바람직한 교육과정과 능력 향상이 이루어질 수 없기 때문에 교육은 교육과정에서 가장 소중한 자원이다 (McLaughlin, 1987).교육가의 직업적인 능력개발은 학교 개혁을 성공적으로 집행하는데 하나의 매우 핵심적인 요소이다 (Weatherly and Lipsky, 1977). 교육가가 새로운 학습 환경을 만드는데 그리고 도전적인 교과과정을 가리키는데 필수적인 직업적인 지식과 기술을 가지고 있을 때, 구조화의 목표는 달성될 수 있는 것이다 (David, 1991). 학생의 기술 개발, 자신감, 그리고 교실에서의 행태에 대한 영향을 끼치는 요소 중에서 교원의 개인적인 성장보다 더 중요한 것은 없다 (Barth, 1989; p.239). 교사가 성장하지 못하면, 학생도 성장하지 못한다. "최 일선 관료 (street-level bureaucrats)"에 해당하는 교육가는 학생들과 매일 상호 작용하고 강의와 다른 학교일에 관하여 실질적인 재량권을 가지고 있는 정책 결정자이다 (policymakers) (Conley and Bacharach, 1990, p.541; Weatherly and Lipsky, 1977, p.172). 교장의 역할은 촉진, 조정, 그리고 개발에 초점을 두는 반면에, Reitzug (1992)의 "자율 관리 리더십 (self-managed leadership)"은 교사의 리더십 잠재력을 개발하는데 초점을 둔다.

이리하여, 교사 능력을 배양하고 이를 위해 지속적으로 자극하는 것은 중요한 리더십 목표이다 (Leithwood, 1992; Sagor, 1992). 적극적으로 재구조화를 수행하고 있는 SBM 학교의 교장은 학교 전체 현장에서의 지속적인 교원 개발을 장려한다 (Wohlstetter and Briggs, 1994, p.16). 학교의 교원들이 필요로 하는 기술과 지식으로는 첫째, 강의, 학습, 그리고 교과 과정과 관련한 교수법 지식; 둘째는 업무 집단의 참여, 집단 의사 결정, 그리고 합의를 이끌어 내는 팀웍 기술이고; 세 번째는 예산과 인사에 관한 기술이다 (Wohlstetter and Briggs, 1994, p.16). 교장과 교원의 교수법 관련, 관리 그리고 정치적 역할은 그러한 기술의 개발을 요구한다 (Cuban, 1988a).

교사 상호간 강의 참관은 관찰하고, 배우고, 학생과 관련하여 서로의 업무를 계획함으로써 전통적으로 고립된 교사의 교실을 교사간의 열린 상호 교류로 대치할 수 있는 모범이 되는 실천 행위가 된다 (Little, 1988, p.87). Little (1988, p.88-89)은 교사 참관/관찰 중요성에 관한 세 가지 이유를 제시하고 있다. 첫째, 구조화된 강의 참관은 강의 리더십을 위해 가장 유명하고 잠재적으로 강력한 수단 중의 하나로 선전되었고, 둘째는 이러한 방법이 폐쇄된 교실문의 주요 문제들을 직접적으로 다룰 수 있다는 것이고, 마지막으로 리더는 남들이 따라 할 무엇을 가지고 있다는 것을 보여주어야 한다는 것이다. 리드하기를 갈망하는 리더는 교실에서 일어나는 여러 어려움과 도전을 능숙히 다룰 수 있다는 것을 보여줄 수 있어야 한다.

멘터로서의 지도자의 역할이 우수한 기업 조직에서도 강조된다 (Peters and Waterman, 1982). 고상한 목표, 용기, 영예, 그리고 독립의 모범이 되는 것은 다른 사람들을 위한 역할 모델이 되는 것이다 (Bass, 1985). 이러한 모범이 되는 리더들은 다른 사람들로 하여금 옛날 문제를 새로운 방법으로 생각하게 하고 이리하여 사물을 다르게 보도록 도와준다 (Bass, 1985, p.100). 리더의 코칭과 멘토 역할은 학교에서의 다른 사람의 기술과 능력을 개발하는데 영향이 막강할 것이다 (Robertson and Briggs, 1995).

⑤ 기회 개발 (opportunities)

비전, 몰입, 팀, 그리고 개인을 개발하는 것이 효과적 리더십이 학교 변화과정에서 작동하는데 필요하지만 충분조건은 아니다. 이러한 조건이 최대한 작동하기 위해서는 여러 기회 조건들을 제고하는 것이 요구된다. 이는 여러 활동을 내포한다.

첫째, 조직을 움직이려면 자원을 통제해야 한다 (Pfeffer and Salancik, 1978). 리더는 내부와 외부의 집단과 전략적 동맹을 통하여 희소하고 중요한 자원을 동원함으로써 불확실성과 상호 의존성에 대처한다 (Pfeffer and Salancik, 1977). 조직의 내외부의 자원이 조직의 모든 구성원들에 의하여 개발되고 공유될 때 수권이 생기는 것이다. 자원을 지원한다는 것은 새로운 프로그램의 중요성을 알리는 중요한 동기부여 요소일 수 있다 (Clark et al., 1984, p.58). 일반적으로 필요한 자원과 가용 자원 간에는 커다란 차이가 존재한다 (Weatherley and Lipsky, 1977). Kaufman (1973)은 능력과 자원의 부족이 정책 실패의 한 가지 이유라고 지적하였다. 잉여 자원을 준비하는 것이 변혁이 일어날 조건을 허락하는 것이다 (Levy, 1986). 시간 또한 학교에서 소중한 자원 (David, 1991) 으로, 재구조화는 보다 많은 책무를 지우게 되고 이미 과중한 업무 부담에 추가 부담으로 작용하여 교사들에게는 추가적인 시간이 요구된다 (Barth, 1989, p.246). 개혁의 참여자들이 개혁이나 재구조화가 자기들의 현재의 업무 부담을 증가시킨다고 보면 변화에 대한 저항이 커지기 때문에(Watson, 1969) 여유 시간 (slack time)을 허락하고 추가적인 시간 (additional time)을 찾아주는 것 (Kanter, 1982)이 학교 개혁에서 중요한 관심사가 된다. 교사들이 직업 전문적 성장 활동에 참여하도록 시간이 제공되어야 한다 (David, 1989; Nickerson, 1980). 교사들에게 방문, 기획, 또는 위원회 업무를 위해 기존 업무에서 자유롭게 해주는 것은 개인 교사의 노력을 증진시키는데 효과적인 방법이다 (Nickerson, 1980).

학교의 무엇보다도 중요한 목표가 학생들이 사색하고, 질문하고, 문제를 해결하는 것을 가르치는 것일 때, 이러한 종류의 일을 하도록 충분한 시간과 자원을 허락하는 것은 학교의 목표를 달성하기 위한 논리적 단계가 된다 (Cuban, 1988a). 교장은 이러한 자원을 개발하고 변화를 가속화시키고 새로운 효과적인 학교 문화를 제도화하기 위한 활동을 지원하는데 중요한 지위에 있다. 리더는 학교 활동과 프로그램을 조정하고 우선순위를 정함으로써 기존 자원을 보다 효과적으로 이용해야 한다.

다음으로, 리더는 구성원들이 성취를 향상시키도록 도와줄 수 있는 조직 설계를 마련해야 하며 효과적 성취를 방해하는 불필요한 장애 요소를 제거해야 한다 (Robertson and Briggs, 1995). 예를 들면, 리더는 낡고 쓸모없는 정책을 변화시키고 새롭게 바꾸어 행정 구조 (administrative arrangements), 운영 절차, 그리고 인사 정책을 조직의 가치와 일치하도록 해야 한다 (Bryson and Crosby, 1992). 물리적 환경, 학교 정책, 그리고 임무헌장 같은 학교의 인공물(artifacts) 은 학교의 가치를 반영한다.

공공 관계, 지역 사회 관계, 또는 네트워킹과 같이 다양한 용어로 표현되어 있는 경계선 관리 (boundary spanning) 는 복잡하고 불확실한 환경에서 조직이 효과적으로 기능하고 성취를 내는데 중요한 활동이다 (Bennis and Nanus, 1985; Katz and Kahn, 1966; Robertson, 1995). 요즘의 리더들은 매우 복잡한 조직과 제도와 그리고 이를 통해서 일을 해야 하기 때문에 조직 자체의 기묘한 (intricate) 조직 유형뿐만 아니라 외부 조직이 어떻게 돌아가는지를 이해해야 한다 (Gardner, 1990, p.81). 경계선 관리 활동은 많은 이해 관계자의 욕구에 대한 민감함과 조직의 위치에 대한 명확한 감각을 요구한다 (Bennis and Nanus, 1985, p.186). 실제적으로 조직 모든 수준의 모든 리더들은 자기들이 관여하고 있는 조직의 외부 시스템과 관련한 일, 예를 들면, 조직의 정직성을 대표하고, 협상하고, 그리고 방어하는 업무 그리고 대외 공공 관계의 일을 지속적으로 수행해야 한다 (Gardner, 1990, p.20).

효과적인 교장은 학교의 욕구와 능력, 학교의 환경, 그리고 리더로서의 교장의 행위간의 관계에 대하여 명확한 이해를 보여주어야 한다 (Hallinger and McCary, 1990). 학부모와의 관계가 학교 경영의 가장 도전적인 부분의 하나이다 (Comer, 1986). 학부모의 관여는 학생, 교사, 부모 스스로, 그리고 학교를 포함한 모두에게 유익한 것으로 주장되고 있다 (Ornstein, 1983). 교육을 덜 받은, 소수 인종(minority) 부모들이 학교 담당자들과 가장 많은 상호 교류가 필요한 사람들이다 (Comer, 1986).

깡패 폭력, 마약, 아동 학대, 그리고 빈곤과 같은 다중적인 문제에 갇혀 있는 위험에 처한 (at-risk) 아이들을 교육시키기 위한 학교들이 지고 있는 거대한 도전은 하나의 주체의 능력과 범위를 넘어선다. 서비스 제공에 새로운 접근방법을 규정하는 핵심 단어가 된 "직업 간 협력 (inter-professional collaboration)"과 "서비스 통합(service integration)" (Hooper-Briar and Lawson, 1994) 은 협동(collaboration), 협력 (cooperation), 팀 또는 네트워킹과 같은 학계와 실무 현장에서 모두 인기 있는 표어 (catch words)와 같은 맥락을 유지하고 있다. 학교와 지역 사회 간 협력의 궁극적인 목표는 장기적 학교 성취의 향상, 가족 참여 그리고 가족들의 전반적인 건강, 교육에의 지역 사회 참여, 그리고 비싼 제도적 서비스 이용의 감소이다. 이리하여 학교와 지역 사회의 연결은 우리 학교와 지역 사회가 직면하고 있는 문제를 해결하는데 선봉에 서 있다.

3) 조직과 학교 문화

조직에 대하여 풍부한 이해를 제공해주는 문화 모형의 잠재적 설명
력을 이해하는 조직 이론가들은 조직 문화를 연구하는데 많은 노력을
기울였다 (Louis, 1980; Ouchi, 1981; Pettigrew, 1979; Pondy and Mitroff,
1979; Schein, 1985; Siehl and Martin, 1984; Smircich, 1983). 조직 문
화는 전통적 체제와 관료 모형에 대한 대안 또는 반 (anti-thesis) 모형
으로 조직 이론과 조직 행태 이론에서 가장 인기 있고 연구가 활발한
분야 중의 하나가 되었다 (Ott, 1989; Ouchi and Wilkins, 1985).

조직문화는 개인 행태를 인도하는 공유된 의미를 제공할 뿐만 아니라
조직의 효과성을 향상시키기 위한 규범적 관리 도구로 손쉽게 받아들여
진다 (Ouchi and Wilkins, 1985). 문화는 관찰 가능한 인공물 (observable
artifacts), 가치, 그리고 기본적으로 기저에 깔린 가정 (basic underlying
assumptions)(Schein, 1990) 으로 중층화된 구성 요소로 개념화되지만, 가
장 근본적인 수준에서는 문화를 바꾼다는 것은 일상적 일의 양태(the
way things are run) 를 바꾸는 것이다. 문화를 바꾼다는 것은 당연히 받
아들여지던 가정에 의문을 던지고, 조직의 의미를 재해석하고, 조직의 기
저에 흐르는 가치를 겉으로 드러나게 하는 것이다 (Smircich, 1983).

학교 문화는 학교 재구조화에 있어서 진정한 변화가 왜 이리 어려운
가에 대한 답을 제공해준다. 학교 문화를 바꾸는 전략 없이 재구조화를
시도하는 것은 실패할 수밖에 없다고 주장된다. Malen and Ogawa
(1988) 은 이러한 주장을 다음과 같이 지지한다. 공유된 통치와 같은 공
식적 구조가 사람들의 행태를 통제하는 기준(parameters)을 재규정하지만
학교에 내재하는 예의와 시민 행동 규범(ingrained norms of propriety
and civility)으로 표현되는 학교 문화가 공식적인 규칙을 지배한다. 질적

그리고 구조적 변화가 중요하지만 이들이 교수와 학습에 관한 기초 원칙과 깊이 간직되고 있는 가치를 지지하지 못할 때 공허한 것이다 (Lieberman and Miller, 1990). SBM으로의 전환 태도, 가정, 그리고 행태에 변화를 의미하는 상당히심층적인 변화일 수 있다 (Mohrman and Wohlstetter, 1994). Robertson (1995a)은 말하기를 학교 문화에 향상이 없다면 교육 개혁의 질은 향상되기 어렵다. Purkey and Smith(1983)이 주장하기를 학교 전체 문화가 영향을 받고, 학교 문화가 보다 큰 사회 문화와 일치할 때 성공적인 학교 개혁 노력이 이루어질 수 있다는 것이다. 이리하여 개인과 조직의 가치 (Chatman, 1989), 개혁 구조와 개인 가치간의 조화 (Gooman et al., 1980; Watson, 1969; Wiener, 1988) 가 중요한 관심사이다.

조직 문화와 결과를 연결하려는 노력이 기업 조직에서 많이 이루어 졌다 (예로, Chatman and Jehn, 1994; Deal and Kennedy, 1982; Denison, 1984; Kabanoff et al., 1995; Ouchi, 1979, 1980; Ouchi and Johnson, 1978). 하지만 학교 문화에 대한 경험 연구 그리고 특히, 학교문화와 결과에 관한 경험적 연구는 매우 부족하다. Purkey and Smith (1983)는 협동적 기획과 화기애애한 관계, 지역 공동체 정신, 명확한 목표와 높은 기대, 그리고 질서와 훈육이 성공적인 학교가 지속적으로 가지는 특징이라고 주장한다. 강한 문화를 가진 학교는 동료애, 협동, 모험, 그리고 실험 정신을 가지고 있다. Schmoker and Wilson (1993)은 성공적인 학교 향상 프로그램을 검토하여 발견하기를 성공적인 학교의 특징은 총체적 품질관리의 중요한 원칙과 모든 중요한 면에서 비슷하다는 것이다. 이러한 특징으로는 민주적이고 동료애적인 분위기, 신뢰, 지원적 리더십, 팀과 협동 노력, 기획, 지속적 훈련, 명화하고 통일된 목적, 학생 성취에 대한 정규적 분석과 평가가 있다. Clark (1970) 가 발견하기를 독특한 성격과 전설적 이야기 (a distinctive character and saga)를 가지고 있는 대학은 명확한 목표를 가지고 있고, 기꺼이 위험을 취하며, 공동체 의식을 만들었다는 것이다. Clark and Meloy (1989)가 주장하기를 "새로운 학교(new schools)"는 민주주의, 공유된 권위와 책무, 집단 상호 작용, 자기 훈육과 통제, 그리고 조직 목표에 대한 집단 몰입에 기초하여 운영되어야 한다는 것이다 (p.292). 문화는 이의 다양한 개념화를 반영하여 기업과 학교 문헌에서 다양하게 조작화 되었다. 여기서는 동료애(collegiality) 와 학습 (learning) 문화가 학교 문화를 대표하여 선택되었다.

(1) 동료애 학교 문화 (Collegial School Culture)

동료애 학교 문화는 학교 내에 그리고 지역 사회 내에서 이해관계자 간의 인간적 그리고 업무 관계에 관한 기본적 가치와 가정을 말한다. Lieberman and Miller (1990)와 Barth (1989)가 지적하였듯이 재구조화란 학교에 있는 사람들 간의 관계를 변화시키는 것을 의미한다. Conley and Bacharach (1990) 는 동료애 적이고 집단적인 학교 경영이 학교 재구조화의 성공에 열쇠라고 강조하였다. 지역 공동체 의식, 소유감, 협동적 문화, 신뢰, 그리고 네트워킹이 인간관계에 대한 지표가 된다.

문화에 대한 이러한 차원의 중요성은 다음의 표현 구절에 반영되어 있다. 직장은 월급 명세서 이상의 의미를 갖는다. 도시화, 산업화, 그리고 관료화에 의하여 특징되어지는 우리 사회의 급격한 변화와 더불어 고립, 소외(anomie), 그리고 지역 공동체 의식의 상실과 같은 현대 도시사회의 병적인 현상들이 사회학자들에 의하여 우리 사회의 심각한 현상으로 불리어졌다 (Durkheim, 1933, Ouchi and Johnson (1978)에서 재인용). 지역사회의 해체와 지역 공동체 의식의 상실은 집단 목표 달성에 해가 되고 지역이 해체되면 공유되는 가치도 해체 된다 (Gardner,

1990, p.113). 금세기에 가족, 교회, 이웃, 그리고 자발적 연합체에서의 일차적 관계가 상대적으로 약해지거나 상실되면서 사회적 관계가 직장으로 옮겨 갔다 (Durkheim, 1933, Ouchi and Johnson (1978)에서 재인용). 그러나 보다 큰 도시와 관료 문화의 산물로서의 현대 조직은 직장 고용인에 대한 통제를 위하여 이들의 자유를 희생시켜 왔는데 이는 직장종업원과 조직 모두에게 해로웠다 (Clark and Meloy, 1989, p.272). Porras and Robertson (1990)이 지적하였듯이 기술 구조와 인간 과정 접근 방법 간의 체제적 통합, 일시적인 생산성만이 아니라 조직 구성원의 복지(well-being) 를 위한 조직의 공식적 설계와 구조화라는 조직 발전 연구의 현재 방향은 조직 이론가와 과학자들에게 필수 사항이 되어 왔다. 의학 실험에서도 공유와 집단 상호 작용은 신체적 병에 대한 대안적 의료 치료 기술로 인정받았다 (Moyers, 1993). 이러한 의학적 그리고 심리적 실험을 통하여 발견된 마음과 신체의 밀접한 그리고 분리할 수 없는 관계는 조직 설계에 시사하는 바가 크다.

Barth (1989) 가 논의하기를 학교에서의 어른들 간 관계의 성격이 다른 어떤 요소보다도 학교의 성격과 질, 학생의 성취, 그리고 교사의 직업화와 관계가 많고, 그가 경험한 대부분의 좋은 학교에서는 적대적이고 경쟁적인 관계가 협력적이고 동료애적인 관계로 바뀌었다는 것이다. (p.228, 230) 재구조화란 가장 근본적 수준에서 교사와 행정가들, 그리고 학교 교직원과 학생들 간의 관계를 바뀌는 것을 의미한다. 전통적 학교에서는 교장은 계층제 사슬의 중간 단계에 서있고 교사들은 위에서 강제된 의제를 수행하도록 되어 있었다. SBM은 교장과 교사들 모두가 리더이며 적극적 의사결정자가 되도록 하는 것이다 (Lieberman and Miller, 1990, p.762). Lieberman (1988)이 강조하기를 학교 구성원 간의 적대적이고 고립된 관계가 열린, 협동적인 학교 문화로 대체되기 위해서는 새로운 학교 구조 (a new set of organizational arrangements) 가 요구된다는 것이다.

(2) 학습 문화 (Learning Culture)

학습이란 성격, 진실, 그리고 지식의 가정에 변화가 있음을 말한다.
항상적인 변화는 존재의 정상적인 상태이다 (Bohm, 1980). 실험이 존
중되는 문화에서는 학습, 훈련, 창의성, 혁신, 그리고 모험의 끊임없는
추구가 장려된다. 조직은 환경에서의 불확실성과 변화에 적응하기 위하
여 내부 구조를 재구조화 하도록 되어 있다 (Thompson, 1967; Katz
and Kahn, 1966; Burns and Stalker, 1994; Pfeffer and Salancik, 1978).
조직과 환경의 역동적인 성격뿐만 아니라 교육과 학습의 성격 또한 일
을 하는데 있어서 새로운 방법으로 항상 실험하는 것을 요구한다.
Staw (1984, p.655-656) 가 예측하기를 업무의 성격이 고도로 기술화되
고 전문 직업화 되고, 시장은 급격히 변화하고, 그리고 경쟁이 심해짐
에 따라 혁신과 창의성이 조직의 가장 중요한 결과 변수가 되고 있다
는 것이다. Argyris (1977)가 논의하기를 전통적인 조직은 현재의 정책
과 목표 달성에 초점을 두는데 이를 "단선 순환 학습 (the single loop
learning)"이라 부르고, 새로운 조직은 기본적인 정책과 가정에 의문을
던지는데 이를 "이중 순환 학습 (the double loop learning)"이라고 부른다.
Levy (1986) 가 규정하기를 "두 번째 질서 변화 또는 변혁 (second-order
change or transformation)" 란 네 가지 차원인, 핵심 과정, 임무와 목적,
문화, 그리고 조직의 세계관 또는 패러다임이 변화하는 것이다.

SBM으로의 변화는 학교들이 새로운 능력(capabilities) 을 만들기 위
하여 새로운 사회적 건축 (social architecture) 을 설계하는 것이다. 이러
한 새로운 사회적 건축은 학습 공동체가 되고 이는 새로운 행태와 조직
규범을 요구하는 집단적인 학습 문화를 만드는 것을 의미한다
(Mohrman and Wohlstetter, 1994). 이러한 집단적인 학습 문화에서는 학
교 전체에서 다양한 종류의 학습 활동들이 일어나게 되는데 이에는 목

적과 방향을 토론하고, 참여자들 간의 풍부한 연결, 종합적인 사고, 경험적인 학습, 외부 환경과의 연결, 여러 가지 기술을 습득하기 위해 지속되는 활동, 그리고 학습 과정에 모든 참여자의 관여가 있다 (Wohlstetter et al., 1996). 학습 과정이 항상 진행되고 반복적이어서 학교 구성원들은 학교를 변화시키는데 지속적으로 참여하고 한 분야의 변화는 다른 분야의 더 많은 변화로 이어 진다 (Wohlstetter et al., 1996).

조직화의 근본적인 가정에 의문을 던져야 하고 조직은 끊임없이 변화하는 환경에서 생존하기 위하여 새로운 아이디어를 수용해야 하는 반면에 조직에 대한 평가는 조직 변화 과정의 필수적인 부분이 된다. "계획된 변화가 효과성을 가지기 위해서는 조직계층제 모든 단계의 구성원들이 필요한 변화에 대하여 사실 탐구 (fact-finding) 와 진단을 하고, 변화의 목표와 프로그램을 만들고 현실 검증 (reality-testing) 을 해야 한다"(Benne and Birnbaum, 1969, p.334). 조직 진단과 자료 수집, 즉 학교 문화를 이해하고 진단하는 능력은 교사 리더십의 매우 중요한 전략적 부분이다 (Lieberman et al., 1988). 정보와 자료가 수집되면 구성원들 간에 공유되어야 한다. 리더가 정보 공유를 꺼리고 단지 본인에게만 열려 있는 일방적 의사소통 채널만 기대한다면 정보 유통의 다른 채널은 막히게 된다. 이렇게 되면, 리더는 제한되고 편견이 있는 정보를 얻게 되고 사람들로부터 몰입 (commitments) 을 얻기 어렵다. 정보 소통의 불평등과 정보의 독점으로 의사 결정 참여의 효능성이 줄어든다 (Locke and Schweiger, 1979, p.319). 사방 통달의 의사소통이 조직이 효과적으로 기능하기 위하여 필요하다 (Gardner, 1990). 지방마다 달라 (local variability) 여러 다른 행위자들은 다른 종류의 정보를 요구하여 현실과 지식의 관계에 대하여 배울 중요한 기회가 된다 (MnLaughlin, 1987). 효과적인 교장은 학교 내외의 참여자들에게 정보를 공유하고 배포하기 위하여 여러 가지 전략을 사용 한다 (Wohlstetter and Briggs, 1994, p.17). 교장이 나눠주는 정보에는 학교 활동, 학생 성

취, 연구, 그리고 학교에서의 혁신적 활동이 있다 (Wohlstetter and Bri-
ggs, 1994, p.17).

4) 변수들 간의 이론적 관계와 연구 가설

　이번 섹션에서는 위에서 기술된 변수들 간의 이론적 관계가 검토되
고, 이러한 관계를 검증하기 위한 구체적 가설이 만들어진다.
　일반적으로 SBM 의 통치 구조에서 학교 리더십, 학교 문화, 그리고
개혁의 성공으로 이어 지는 이론적 관계를 명백히 연결하려는 이론 모
델이 부족하기는 하지만 하나의 주목할 만한 예외는 Robertson (1992,
1995a)에 의하여 개발된 이론 틀이 있다. Robertson (1992, 1995a) 은
SBM이 바람직한 결과를 만들어 낼 수 있는 메커니즘에 관한 이론 지
식 기초가 부족함을 지적하고 이러한 주제와 관련한 정교한 경험적 연
구의 필요성을 주장하였다. 그는 학교 재구조화에서 중요한 과정 변수
를 개념화하여 SBM 변화 과정에 대한 이론 모형을 개발하였다. 이모
형은 시간이 지남에 다라 변화의 역동을 보여주기 위해 "변화 과정 이
론 (Porras and Robertson, 1987)"으로 개발되었는데 이러한 모형에 따
라 학교의 일련의 과정에서 변화를 만들어 낼 수 있다. 그의 모형에서
통치구조의 변화가 SBM의 주요 차원을 구성하는데 이 통치 구조는 이
것이 만들어지고 집행되는 상황적 맥락의 산물이며 교육구, 주정부, 그
리고 다른 외부적 요소들에 의하여 결정된다. 새로운 통치 구조는 의사
결정 권한을 일선 단위 학교로 이양하여 학교의 의사결정 과정에 영향
을 주고자 하는 것이다. 이어서, 학교에서의 의사 결정 과정은 결과적

으로 전략적 그리고 운용적 변화를 야기할 것이고 동시에 현존의 학교 문화를 변화시킬 것이다. 학교 문화는 또한 전략적 그리고 운용적 변화에 의하여 영향을 받을 것이고 학교 문화와 전략적 / 운용적 변화의 두 변수에 의하여 학교 교직원의 개인 행태가 영향을 받을 것이다. 이러한 개인 행태에 따라 최종 결과 변수인 학교의 질이 결정된다.

본 연구는 위에서 기술된 변수간의 논리적 연결과 비슷한 이론적 관계들은 다룬다. 단지 다른 점이 있다면, Robertson 모형에서의 의사결정 과정과 전략적 / 운용적 변화는 본 연구에서는 학교 리더십의 일부로 다루어진다. 핵심적 차이는 같은 조직 현상이 어떻게 구성 되는가 (framed)에 있다. Robertson의 모형은 의사결정 과정과 그것의 결과로서 전략적 / 운용적 변화에 초점을 주지만 본 연구는 리더십을 변화 과정에서 핵심 요소로 본다.

SBM 통치 구조-학교 리더십-학교 문화-개혁의 성공으로 이어지는 이론적 관계는 통치 구조가 학교 리더십을 바꾸지 못하고 이어서 학교 리더십이 학교 문화를 바꾸지 못한다면, 재구조화 과정은 성공하지 못할 것이라는 기본적 가정(the basic premise) 을 가지고 있다. 학교 개혁에 있어서 통치구조가 무엇보다도 중요한 요소이지만 이것이 학교 리더십을 바꾸지 못하고 이것이 또한 효과적 학교 리더십에 의하여 지지받지 못하면, 효과적인 학교 문화는 기대하기 어렵다는 것이다. 통치구조가 리더십 지지 없이 혼자서 학교 문화를 변화시키는 것은 어렵다고 지적되어 왔다 (Malen and Ogawa, 1988; Mohrman and Wohlstetter, 1994; Purkey, 1990; Sagor, 1992). 효과적 리더십 없는 공식적 통치 구조와 역으로 조직에 대한 적절한 공식적이고 합리적 청사진 없는 효과적 리더십 또한 불완전하다. 어떠한 재구조화 노력도 학교 문화를 변화시키지 않고는 결국 실패할 수밖에 없다는 주장 또한 많이 지적되었다 (Lieberman and Miller, 1990; Malen and Ogawa, 1988; Morhman and Wohlstetter, 1994; Robertson, 1995a). 학교 문화가 변해야 개혁이 성공할 것이라고 기대된다. 변수간의 좀 더 구체적인 관계는 이어서 자세히 설명된다.

(1) SBM과 개발 학교 리더십
(SBM and Developmental School Leadership)

SBM 설계 구조 특성 자체가 갖는 한계, 개혁의 초점을 주로 통치구조에 제한하는 것, 그리고 구조 변화 자체가 갖는 한계로 인해 SBM에 대한 초기 기대를 낮게 갖게 된다. 위에서 검토되었듯이, SBM의 한계에 대한 이론적 논의는 SBM의 초기의 목표인 교육구에서 단위 학교로의 실질적인 분권화와 학교 이해 관계자들 간의 권력관계의 변화가 이루어지 못했다는 사실에 의하여 잘 설명되었다. SBM에 대한 기대와 이의 초기 목표 간의 괴리는 SBM의 통치 구조와 다른 결과 변수 간의 인과 관계가 강하지 못하다는 것을 의미한다. SBM 설계 구조가 한계를 가지고 있고, 이의 능력이 초기에 기대한 것보다 제한되기는 하지만, 교육구에서 일선 학교로 일부 의사결정 권한이 분권화되고 SBM 학교에서는 의사결정자들 간에 권력을 공유할 것이라고 기대되었다. 전반적으로 위에서 기술된 SBM의 한계를 감안하면, SBM이 원하는 목표와 결과를 달성하는데 있어서 효능성이 제한될 것이라고 기대하는 것이 합리적이다. SBM과 다른 결과에 대한 가설적 관계가 SBM과 학교 리더십에도 적용될지 모르지만, SBM과 개발 학교 리더십과의 관계를 명백히 연결하는 이론적 그리고 경험적 연구가 별로 없어 이들 관계에 대한 가설 설정의 어려움이 있는 것이다. 기존의 이론적 문헌은 교육구로부터의 의사결정 권한의 분권화와 학교 이해관계자간의 권력 공유라는 SBM의 초기 목표가 얻어질 수 있다는 것을 가정하며 SBM의 결과에 대하여 더 설명을 한다. SBM이 어떻게 그리고 어느 정도 개발 리더십의 다섯 가지 차원인 비전, 몰입, 팀, 개인, 그리고 기회 그리고 이들의 보다 구체적인 차원에 영향을 줄 수 있을지가 별로 알려져 있지 않다는 것이 더욱 더 도전적으로 어려운 것이다 (Robertson and Briggs, 1995).

관심의 초점을 분화되지 않은 SBM (예를 들면, SBM의 여러 형태간의 차이를 무시하고)에서 보다 구체적인 SBM 형태 (여러 통치 구조가 사용된다) 에 대하여 말하면, Cotton, Vocality, Froggartt, Lengnick-Hall, and Jennings (1988)가 논의하였듯이, 다른 형태의 SBM은 다른 결과를 낳는다고 일반적으로 말할 수 있다. 같은 논리가 다른 형태의 SBM과 학교 리더십에도 해당하여 SBM의 형태에 따라 학교 리더십에 대한 영향이 다를 것으로 말 할 수 있다. 하지만 이러한 관계에 대한 연구와 지식이 매우 제한되고 부족하다. 기껏해야 보다 많은 권한을 학교로 이양하고 보다 많은 권력이 학교 구성원들 간에 공유되는 것을 보장하는 형태의 SBM이 다른 형태의 SBM 보다 학교 리더십에 많은 영향을 줄 수 있다는 것이 가정될 수 있지만, 어떠한 형태의 SBM이 좀 더 효과적인 결과로 이어질 수 있다는 것에 관한 이론적 논의 (theoretical ramifications) 는 이루어지지 않았다.

이럼에도 불구하고, 한편에서는 SBM과 개발 리더십, 다른 편에서는 구체적 형태의 SBM과 개발 리더십과의 관계에 관하여 지식이 제한되어 있다고 하여 SBM과 개발 리더십에 관한 관계가 부정되거나 사소하게 되는 것은 아니다. SBM의 한계에 대하여 이미 검토되었듯이, SBM은 학교 리더십에 의하여 보완되고 집행된다. 새로이 제도화된 SBM이 개발 리더십을 상당한 정도로 향상시키거나 개발하지 못한다면 (이미 효과적인 학교 리더십과 학교 문화가 있지 않는 한), 학교 문화를 변화시키기 위해서 체제적 변화노력이 요구되는 것을 고려하면 학교 문화가 변화할 것으로 기대하는 것은 비현실적이다. SBM이 개발 리더십의 여러 측면들을 향상시키지 못한다면 학교 결과에 어떤 실질적인 향상을 경험하는 것은 어렵다. 비록, SBM이 단지 수단이고, 기술 (Purkey, 1990), 또는 통치 구조 (Robertson, 1995a) 이지만, 개발 리더십을 성장시키고 발전케 하는 동기부여 메커니즘이 되지 못한다면, 개혁을 위한 관여 후에 어떤 실질적인 변화를 기대하기 어렵다.

이리하여 SBM이 구조적 요소로서 개발 리더십의 다섯 가지 차원인 비전, 몰입, 팀, 개인, 그리고 기회를 향상시키는 것은 당위적 명제 (imperative) 가 된다. SBM 이 개발 리더십에 영향을 주지만, 역으로, SBM 자체는 개발 리더십에 의하여 해석되고 그것의 정신이 실현된다.

SBM의 설계 구조와 구조 개혁 자체의 한계로 인해 SBM에 대한 기대가 낮아졌다. 그러나 SBM과 학교 리더십, 특히, 보다 구체적 형태의 SBM과 개발 리더십에 관한 연구와 지식이 제한되어 어떠한 검증 가능한 가설을 만드는 것이 어려웠다. 본 연구에서 SBM 형태와 개발 리더십과의 관계가 탐구될 것이다.

(2) 학교 리더십과 학교 문화
(School Leadership and School Culture)

학교 재구조화 과정에서 학교 리더십의 역동적인 역할이 완전히 무시된 것은 아니지만, 리더십이 개혁과정에서 하는 역할에 대하여 매우 제한된 지식을 가지고 있다. 일반적으로 사람이 상황에 끼치는 영향에 관하여 연구가 많이 되어 있지 않다 (Chatman, 1989).[7] 리더십과 조직 문화 간의 인과 관계에 초점을 두는 문헌은 제한되어 있고 경험적 연구는 더욱 더 부족하다.

---

7) 사람이 상황에 미치는 효과에 대한 연구가 제한된 이유는 많은 자료 수집 기간과 매우 민감한 측정 도구가 요구 된다는 것이다 (Chatman, 1989).

SBM이 그것이 가지고 있는 많은 한계에도 불구하고 개발 리더십을 변화시킬 수 있어야 한다는 규범적인 주장이 앞에서 있었다. 초점을 두어야 할 또 다른 가설적인 관계는 SBM을 촉진하고 실행하고 그리고 제도화함으로써 향상 발전된 개발 리더십은 학교 문화를 변화시킬 수 있어야 한다는 것이다. 그러나 문화가 긴급 처방 (a quick fix)으로 변화될 수 있는 것은 아니라는 것이다. Pettigrew (1990)는 문화 변화를 어렵게 하는 7가지 요소를 설명하였다: 1)조직 문화의 계층제적 차원; 2) 문화의 광범위성; 3) 당연하게 받아들여지는 문화의 내재성 (impliciteness); 4) 역사가 부여하는 의미의 영향을 말하는 역사의 각인성 (the historical imprinting issue); 5) 조직에서의 문화와 권력 분배의 연결; 6) 하부 문화의 존재; 그리고 7) 조직의 다른 부분들과 문화의 상호 의존. 그럼에도, 문화 변화 가능성 (plausibility)에 대한 논의가 부족한 것은 아니다. Schein (1990, p.115)은 문화 창조를 위한 일차적 메커니즘 (the primary embedding mechanisms)이 되는 일련의 리더십 행태를 제시하였다: 1) 리더가 주목하는 것; 2) 리더가 중요한 사건이나 위기에 어떻게 반응 하는가; 3) 의도적 역할 모델링과 코칭; 4) 보상 기준 설정; 5) 충원, 승진, 은퇴, 그리고 파면(excommunication)을 위한 통제 기준. Purkey and Smith (1983) 는 효과적인 학교를 만들기 위해서는 행정 관료적인 수단에 의하여 아홉 가지 요소들이 갖추어져야 한다고 제안하였다. 이 아홉 가지는 학교 중심 경영 (school-site management), 교수법 리더십, 교직원 안정성, 교과 과정 조직, 학교 전체의 교직원 개발, 학부모 참여 및 지지, 학문적 성공에 대한 범학교적인 인정, 학습 시간 극대화, 그리고 교육구 지원을 말한다. 이러한 요소들은 다음 네 가지의 효과적 학교 문화 특징의 개발을 촉진시킬 것이다: 협동 기획과 화기애애한 관계, 지역 공동체 의식, 명확한 목표와 높은 기대, 그리고 질서와 규율. Little (1982)은 동료애와 실험의 규범을 만들고 유지하고, 그리고 교사 상호 작용의 중요한 행위들을 촉진하고 키우는데 있어서 교장의 지위가 독특하다고 말하고 있다.

개발 리더십의 다섯 가지 차원들은 학교 문화를 변화시키는데 필요한 조직의 포괄적인 측면을 포함하고 있다고 논의할 수 있다. 학교 리더십이 학교가 기능하는데 필요한 여러 가지 요소를 다루고, 이러한 요소들 간에 체계적인 궁합이 있을 때, 학교 문화는 영향을 받을 확률이 높아진다. SBM 자체가 권력과 업무관계에 관한 일련의 가치를 변화시키는 것을 나타내고, SBM의 통치 구조가 학교 리더십을 강화시키는 반면에, 학교 리더십은 고립되고 수동적인 학교 관료 문화를 동료애적인 그리고 학습하는 문화로 변혁시킬 수 있다. 위의 개발 리더십의 다섯 가지 차원과 이들의 구체적인 리더십 행태와 활동들이 새로운 학교 문화를 창조할 수 있을 것이다. Porras and Robertson (1990)이 지적하였듯이, 조직 변화와 발전 문헌에서 일관적으로 제안된 사실은 조직 내에서 질적인 변화를 유도하기 위해서는 체제적인 변화 노력과 재구조화의 여러 요소간의 궁합 (fit)에 대한 관심이 필요하다는 것이다 (Beer, 1980; Nadler and Tushman, 1984). 체제적 변화 노력이 문화 변화를 유도할 가능성이 높긴 하지만, 학생 학습에 우호적이며 효과적인 학교 문화를 만들기 위해 학교의 여러 요소를 결합해야 한다는 것은 리더에게 도전적인 업무가 된다 (Purkey and Smith, 1983). 학교 리더십의 각 차원들이 동료애적인 그리고 학습적인 학교 문화를 변화시킬 수 있다고 논의될 수 있기 때문에 문화의 변화는 리더십의 많은 요소들이 존재할 때 가능할 것이다. 학교 리더십과 학교 문화의 하위 차원간의 구체적인 관계가 이어서 논의되고 가설이 제시될 것이다.

비전 개발의 과정에서 꿈과 열망이 공유되고, 어떠한 학교를 만들어가길 원하는지 의사소통 할 기회뿐만 아니라, 자료의 수집과 공유를 통하여 얻어진 학교 성취가 학교 비전과 목표에 부합하는지를 평가하고 측정할 기회가 만들어진다. 이러한 기회는 학교 구성원 간에 상호 교류와 학습의 기회를 부여해 보다 동료애적인 그리고 학습하는 문화가 개발 될 것이다. 비전은 공유된 꿈이 구체화된 것이다. 이는 에너지와 노력의 집단적인 동원을 요구한다. 모든 학교 구성원들 간의 동료애적인 업무 관계없이는 달성될 수 없을 것이다. 비전 개발 과정 자체는 학교 구성원들 간에 끊임없는 의사소통, 공유, 그리고 상호 작용을 요구한다. 이러한 과정에서 그들이 서로의 열망, 가치, 그리고 동기부여를 이해하게 된다. 비전을 개발하는 과정은 비전을 달성하기 위한 구체적인 목표와 전략을 개발하는 것을 동반한다. 비전을 목표와 전략에 연결하려는 과정은 상호작용, 공유, 그리고 협동 노력을 위한 기회를 제공하고, 정보와 자료를 수집하고, 분배하고, 그리고 이용하는 학습 과정을 내포한다.

가설 1. 비전을 개발하는 개발 학교 리더십은 동료애적인 학교 문화에 강한 긍정적 영향을 가질 것이다.

가설 2. 비전을 개발하는 개발 학교 리더십은 학습하는 학교 문화에 강한 긍정적 영향을 가질 것이다.

비전에 대한 몰입을 이끄는 것은 비전이 살아있게 만드는 과정이다. 리더가 모든 기회를 활용하여 비전을 전달하려 하고 모든 활동에 공유된 가치를 배어들게 할 때, 그리고 리더의 행동이 말과 일치할 때, 비전에 대한 몰입이 지속된다. 비전에 대한 몰입을 개발하는 것은 동료애적인 학교 문화로 이어지는데 그러 문화에서는 사람들은 신뢰하고, 서로 도와주고, 그리고 공동체 의식을 느낄 것이다. 비전에 대한 몰입을 개발하는 과정이 동료애적인 학교 문화와 직접적으로 관계가 있는 것으로 보이기는 하지만, 이러한 과정은 또한 학습하는 학교 문화를 배양할 수 있다. 사람들이 비전에 대한 몰입을 개발할 의무를 가질 때, 비전이 실현되도록 학습하는 문화가 개발될 것이다.

가설 3. 비전에 대한 몰입을 개발하는 개발 학교 리더십은 동료애적인 학교 문화에 강한 긍정적인 영향을 가질 것이다.

가설 4. 비전에 대한 몰입을 개발하는 개발 학교 리더십은 학습하는 학교 문화에 강한 긍정적인 영향을 가질 것이다.

리더가 팀을 개발하기 위하여 여러 활동에 관여할 때, 팀은 학교가 기능하는데 기본 단위 (building block) 역할을 하고 이러한 팀을 통하여 보다 많은 사람들이 만나고, 상호 작용하고, 의사소통하고, 그리고 공유하는 기회를 갖게 된다. 고립되어 일하던 습관에서 협동적인 업무 환경으로 전환되는 과정에는 시간이 필요하고 때로는 갈등이 야기되는 반면에, 팀으로 일하면 사람들은 다양한 아이디어와 집단적 문제 해결 방식에 접하게 된다. 협동적인 팀에서 일하는 것은 의사소통, 갈등해결, 그리고 리더십과 같은 조직의 기술을 개발하게 되는 기회가 될 뿐만 아니라 사람들이 학습과 그들 자신과 체제를 향상하는 것을 중요하게 여기는 학습하는 문화를 만들어 가게 된다. 사람들은 분리된 단위로 일하는 것보다 화기애애한 방식으로 일하는 것이 학교에서 공동체 의식을 개발하게 될 것이라는 것을 깨닫게 되고 자기네들이 어디에 속하는지 알게 되고, 그리고 인생과 일의 의미를 느끼게 된다.

가설 5. 팀을 개발하는 개발 학교 리더십은 동료애적인 문화에 강한 긍정적 영향을 가지게 될 것이다.

가설 6. 팀을 개발하는 개발 학교 리더십은 학습하는 문화에 강한 긍정적 영향을 가지게 될 것이다.

팀을 개발하는 것은 업무 관계와 업무 단위에 관계하는 것인 반면에 개인을 개발하는 것은 새로운 통치 구조로서의 SBM을 채택한 일차적 이유 중의 하나이다. 의사결정 권한이 교육구에서 지역 사람들한테 이

전될 때 이는 지역 사람들이 지역 문제에 대하여 더 많은 지식을 가지고 있다고 가정하는 것뿐만 아니라, 이러한 분권화가 이러한 개인들의 잠재적 능력을 개발하고 유인하는 것을 가정하는 것이다. 어른들이 성장할 때, 아이들이 혜택을 입는다 (Barth, 1989). 리더가 다른 사람에 대하여 긍정적 기대를 가지고, 다른 사람의 기술과 지식을 개발하는데 관여하고, 그리고 다른 사람들을 멘토하고 코치할 때, 사람들은 여러 가지 기술을 읽히고, 지식을 향상시키고, 보다 긍정적인 방식으로 자긍심을 개발할 활동을 하게 된다. 동기부여 이론이 말하기를 자아 성취가 최고 수준의 인간 요구라는 것이다. 사람들이 인정을 받고, 자기의 잠재력과 기술을 개발하도록 동기부여 될 때, 이러한 리더십 행태와 활동은 동료애 적이고 학습하는 문화를 만들 수 있을 것이다.

　　가설 7. 개인을 개발하는 개발 학교 리더십은 동료애적인 학교 문화
　　　　　에 강한 긍정적 영향을 가질 것이다.
　　가설 8. 개인을 개발하는 개발 학교 리더십은 학습하는 학교 문화에
　　　　　강한 긍정적 영향을 가질 것이다.

　개인을 개발하는 것이 개발 리더십의 마지막 요소이지만 그렇다고 가장 덜 중요한 측면은 아니다. 리더가 개발 리더십의 다른 차원들이 활성화하도록 하는 촉진적인 요소가 되는 기회 조건들을 개발하는 다양한 활동에 참여할 때, 학교 리더십의 모든 다른 요소들이 충분히 개발되고 학교 문화에 충분히 발휘된 영향력을 행사할 것이다. 리더가 자원과 시간을 제공하고, 자원의 활용을 조정하고, 안전한 환경을 제공하고, 방해가 되는 조직의 구조적 요소를 제거하고, 학교의 자율성을 높이도록 교육구와 효과적으로 협의하고, 그리고 지역 사회와 효과적인 관계를 개발할 때, 사람들 간에 신뢰가 형성되어 리더는 학교의 비전과 목표뿐만 아니라 행동을 취하고 목표를 달성하는데 몰입한다. 리더의

이러한 활동들이 동료애적인 학교 문화를 변화시킬 것으로 기대되는 반면에, 학습하는 학교 문화에 대한 영향 또한 무시될 수는 없다.

가설 9. 학교를 위해 기회 조건을 개발하는 개발 학교 리더십은 동료애적인학교 문화에 강한 긍정적 영향을 가질 것이다.
가설 10. 학교를 위해 기회 조건을 개발하는 개발 학교 리더십은 학습하는 학교 문화에 강한 긍정적 영향을 가질 것이다.

(3) 학교 문화와 개혁 성공
(School Culture and the Success of Reform)

SBM에 의하여 촉발되고, 더욱이 학교 리더십에 의하여 새로워진 동료애 적이고 학습하는 학교 문화는 개혁의 성공에 영향을 주어야 한다. 효과적인 학교 문화가 있을 때, 개인 행태의 긍정적인 변화를 기대할 수 있다 (Robertson, 1995a). 업무상의 개인 행태 변화가 계획된 조직 변화 (planned organizational change) 의 핵심적인 효과이다 (Porras and Robertson, 1990). Little (1982)이 발견하기를 동료애와 지속적인 실험의 규범이 성공적이지 못한 학교에서보다는 성공적인 학교에서 존재하였다고 한다, 그리고 이러한 문화는 교사와 행정가들 사이에 다양한 범위의 직업적 상호작용에서 나타나는데 이에는 자료를 상호 빌려주고, 종종 자문을 구하고, 교수방법에 대하여 토론하고, 강의에 대하여 상호 관찰과 비평, 그리고 강의 자료를 함께 설계하고 준비하기 위한 공유된 노력이 있다.

개발 리더십의 결과로서의 영향 받은 학교 문화는 이어서 개혁의 성공이라는 변수에 영향을 주는데, 개혁의 성공은 범주 변수(a categorical variable)로 "적극적으로 개혁하는 학교들 (actively restructuring schools)" (예를 들면, 교수법 효과성을 향상시키기 위한 변화에 성공적인)과 "어려움을 겪고 있는 학교들 (struggling schools)" (예를 들면, SBM에 대하여는 적극적이나 변화에는 덜 성공적인) 로 구분된다. 학교가 동료애적인 학교 문화를 가질 때, 성인들 간의 업무 및 인간적 관계가 고립된 교실에서 따뜻하고 협력적인 업무 환경으로 변하는데 이러한 환경에서 사람들은 정보를 공유하고, 함께 일하고, 다른 사람들을 도와준다. 학교가 학습하는 문화를 개발할 때, 사람들이 실수를 하거나 모험을 하는 것에 대하여 두려워하기 보다는 새로운 아이디어와 변화에 대하여 개방적이 되고 그들 자신과 학교를 향상시키기 위하여 노력한다. 이러한 동료애 적이고 학습하는 문화에서는, 사람들이 함께 일하고, 서로 도와주고, 그리고 적극적으로 새로운 강의 방법들을 도입한다.

가설 11. 동료애적인 학교 문화는 개혁의 성공에 영향을 준다.
가설 12. 학습하는 학교 문화는 개혁의 성공에 영향을 준다.

위에서 제시된 바와 같이, 변수들 간의 이론적 관계와 가설들은 학교 향상에 대한 직설적인, 일련적인, 그리고 단선적인 가정을 그리고 있다.[8] 본 연구에서의 변수들 간의 이론적 관계는 훨씬 더 복잡하고, 얽힌 학교 변화의 세계에서 몇 가지 핵심적인 관계에 대해서만 다루고 있다. 현실에서는 수많은 변수들이 모든 방향으로 흐르는 화살표와 같이 상호관련 되어 있다. 이 연구는 학교 재구조화 과정에서 가장 강한 위상 (bearing) 을 가지고 있고, 가장 직접적인 관계가 있는 변수에 초점을 두고 있는데 이는 길게 볼 때, 기본적으로 기술된 대로, 차례대로 일어나는 일련의 관계를 나타내고 있다.

---

8) 본 연구에서 변수간의 이론적 관계에 대한 단서 (caveats) 에 관한 기술은 주로 Robertson (1995a)에 의존하였다.

본 연구의 연구 모형에서 개혁 재구조화 과정에서 적절한 위상을 가지고 있을 수 있는 조절 변수를 생략하였다. 일부 조절 변수가 자료 코딩의 귀납적인 과정에서 발견되기는 하였지만 이중 많은 변수들이 본 연구에서 설명되지 않을 것이다. 이러한 변수로는 학교의 크기, 인구 통계 상태 (socio-economic status), 학생 성적 (student achievement) (Chubb and Moe, 1985)과 다른 변수를 포함한다. 이러한 변수들이 학교의 성취 결과에 있어서 실질적 설명력을 가지고 있지만, 대부분의 이러한 변수들은 지역 단위 학교의 직접적인 통제 범위를 넘어선다. 이리하여, SBM을 채택한 학교들은 SBM이 성공적으로 집행되고 목적을 달성하려 하면, 기본적으로 개혁 과정 모형에 기술된 대로 작동해 나가야 할 것이 가정된다. 이 연구에 포함되지 않은 변수들이 다른 변수에 영향을 주지 않게 하기 위해서 이러한 조절 변수들은 "모든 다른 변수들은 항상 일정하다 (all others are constant)"라는 전제로 통제될 수 있다.

방법론과 연구 설계
(Methodology and Research Design)

1) 샘플 사례와 자료 수집
(Sample Cases and Data Collection)

이 연구에서 사용된 데이터 세트는 두 개의 다른 연구 프로젝트가 결합된 것이다. 1993년에 수행된 1단계 프로젝트 (Phase I project)는 4개의 북미 학교 교육구와 1개의 오스트렐리아 주 (one Australian state)-San Diego, California; Jefferson County, Kentucky; Prince William County, Virginia; Edmonton, Alberta, Canada, and Victoria, Australia) 에 있는 29개의 학교를 포함했다. 1단계 프로젝트의 목적은 다른 수준의 성공적인 개혁 수행을 보여 준 각 학교구의 일련의 학교를 연구하는 것이었다. 이러한 학교들은 "적극적으로 개혁하는 학교들 (actively restructuring schools)" (예를 들면, 교수법 효과성을 향상시키기 위한 변화에 성공적인)과 "어려움을 겪고 있는 학교들 (struggling schools)" (예를 들면, SBM에 대하여는 적극적이나 변화에는 덜 성공적인)를 차별적으로 구분되었다. 2개의 초등학교, 2개의 중학교, 그리고 2개의 고등학교를 포함하는 총 6개의 학교들이 개별적인 교육구에서 선택되었다. San Diego에서는 단지 하나의 초등학교만이 선정되었지만, 개별 학교구의 행정가에게 위에서 제시한 기준에 부합하는 6개의 학교를 선정해달라고 요청하였다.

사례 연구를 위한 자료 수집의 일차적 방법은 교육구와 학교에 있는 몇 명의 개인들과의 인터뷰였다. 단위 학교에서의 피 인터뷰인은 교장, 교감, 그리고 몇 명의 교사들 (이들 중 일부는 학교 운영위원회의 위원도 있고 비위원도 있다). 전 학교에 걸쳐 인터뷰된 사람은 학교 당 평균 7명이었다. 인터뷰 시간은 통상적으로 한 시간이 걸렸다.

인터뷰와 함께 각 학교의 모든 교사들과 행정가들에게 서베이 조사를 요청하였다. 설문지는 응답자들에게 SBM의 여러 측면에 대한 만족도, 여러 이해 관계자들이 가지고 있는 영향력의 정도, SBM에 대한 지지도, 그리고 SBM이 학교의 여러 결과에 끼친 영향에 대한 인지도를 평가하도록 작성되었다. 서베이 설문지에는 학교에서 SBM에 대한 촉진 요소와 장애 요소를 물어보는 두 개의 열린 질문 (two open-ended questions)이 있었다. 서베이는 두 개 학교를 제외하고 모든 학교에서 회수되었다.[9] 인터뷰와 설문지 조사가 이루어진 후, 인터뷰와 설문지 정보는 취합되고 구조화된 사례 연구 양식을 사용하여 작성되었다. 사례 연구가 각 학교에 대하여 작성되었다. 연구자들은 본인이 인터뷰한 학교들에 대한 사례 연구를 작성하였다.

29개의 학교 중에서 최종 연구에서는 단지 15개의 학교의 자료만이 사용되었다. 이는 4개 학교의 자료는 이용 가능하지 않았고, 다른 10개의 학교의 자료는 불충분하여 각 변수와 차원에 대한 코딩이 어려웠기 때문이었다. 배제된 10개 학교의 자료를 검토해보니 이러한 학교에 대한 편견이 존재하지는 않았고 오히려 배제된 많은 학교들이 변수 차원에서 높게 평가되었다. 나머지 15개의 학교 중에서 초보 인터뷰 자료

---

9) 학교에 배분된 설문지 수를 알 수 없어 설문지 회수율이 계산될 수 없다.

는 9개의 학교의 자료가 이용 가능하였고, 작성된 사례 연구가 이용 가능한 학교는 나머지 6개의 학교 자료였다.

1994년에 수행된 2단계 프로젝트에서는 7개의 미국 학교구와 1개의 오스트렐리아 주에 있는 17개의 학교에서 자료가 수집되었다. 이는 Bellevue, Washington; Chicago, Illinois; Denver, Colorado; Jefferson County, Kentucky; Milwaukee, Wisconsin; Rochester, New York; Swe- etwater, California; and Victoria, Australia를 포함한다. 고등학교 교육구인 캘리포니아의 Sweetwater 학교구를 빼고는 각각 1 개의 고등학교와 초등학교가 7개의 미국 학교구에서 포함되었다. 오스트렐리아에서는 각각 2개의 고등학교와 2개의 초등학교가 포함되었다. 이러한 교육구들은 학교 수준에서의 상당한 의사결정 권한을 포함하는 강한 SBM 계획을 가지고 있다는 평판을 가지고 있어 선정되었다. 이러한 특정한 학교들은 교육구 관리와 학교에 익숙한 연구자들이 적극적인 개혁 노력이 이러한 학교에서 일어나고 있다는 정보에 기초하여 선정되었다.

피 인터뷰인은 혁신적인 방법들을 설계하고, 채택하고, 사용하는데 적극적인 학교 운영 위원, 학과장, 교사와 학교의 혁신에 참여하지 않은 교사들을 포함하였다. 학교에서 수행된 인터뷰 횟수는 13-24회에 이르고 평균 18회에 해당한다. 인터뷰 시간은 통상적으로 45분에서 한 시간 걸렸다. 2단계 프로젝트에서는 2개의 학교의 자료가 불충분하여 최종적으로 15개의 학교가 사용되었다. 1단계 프로젝트와 비교하여 2단계 프로젝트의 자료가 다 많은 정보를 가지고 있었다. 그리고 1단계와는 달리 모든 자료가 인터뷰 자료였다. 1단계의 15개의 학교 자료와 합쳐 본 연구에서 최종 분석에 사용된 총 학교는 30개이다.

모든 학교에서 각 질문에 대한 모든 인터뷰 응답을 담고 있는 질적인 자료 베이스가 변수를 코딩하는데 사용되었다. 데이터베이스는 두 가지 다른 방식으로 만들어져 있다. 첫 번째 방식은 순수한 초보 인터뷰 자료이고 두 번째 양식은 사례 연구 양식으로 쓴 초보 자료를 요약

한 것이다. 초보 인터뷰 자료가 이용 가능하지 않은 6개의 학교는 사
례 연구 요약이 사용되었고 나머지 24개 학교에 대해서는 초보 인터뷰
자료가 사용되었다. 이러한 데이터베이스 양식상, 특히, 사례 연구 양식
에 차이가 있기 때문에, 어느 정도의 편견이 가능하다는 우려가 있었지
만, 원래 연구 과정에 직접적으로 참여한 한 연구자의 확인에 의하면,
사례 연구 포맷은 초보 인터뷰 자료에 대한 요약이었기 때문에 큰 우
려는 줄일 수 있었다.

2) 변수와 자료 코딩
(Variables and Coding Data)

본 연구는 두 가지 대비되는 또한 동시에 보완적인 연구 방법을 사
용하여 두 가지 다른 일련의 변수들을 만들어 내고 두 종류의 코딩과
분석과정을 거쳤다. 이러한 두 가지 연구 전통을 구분하기 위하여 통상
적으로 양적 그리고 질적 (quantitative and qualitative) 연구 방법이 사
용 된다 (Creswell, 1994). 이러한 두 구지 연구 방법은 사용하는 연구
방법 기저에 깔려 있는 묵시적 그리고 명시적 가정에 기초하며, "연구
방법론에 인식론의 이슈, 윤리, 그리고 가치를 주입하며"(Rousseau,
1990, p.153), 객관적, 법칙적 (nomothetic), 연역적, 외부자의 시각과 주
관적, 묘사적 (idiographic), 귀납적, 그리고 내부자의 시각으로 이분화
된다 (Creswell, 1994; Morey and Luthans, 1984). 이러한 방법론적 시
각의 단순한 양극화는 대부분의 실제 연구의 역동적인 과정에 대한 이
해를 방해하지만, 이러한 이분법적인 구분은 나름대로 목적에 부합한

다. 양적인 연구방법은 일반적으로 연역적 논리를 사용하고, 질적인 방법은 귀납적인 논리를 사용한다.[10) 연역적인 방법은 자료를 증명하기 위하여 일련의 이론을 개발하는 반면에, 귀납적인 방법은 미리 정해진 이론 없이 시작하여 자료에 근거를 두고 (grounded in data) 이론을 개발하려 한다 (Patton, 1987; Strauss, 1995).

이러한 두 가지 방법을 결합하여 사용하는 것은 삼각법에 대한 논거에 기초한다. 삼각법 또는 혼합 방법 (Berg, 1995; Creswell, 1994; Denzin, 1978; Miles and Huberman, 1994; Jick, 1979)은 다중의 자료 수집 기술, 다중 이론, 다중의 연구자, 다중의 연구 방법 또는 이러한 네 가지 연구 활동 범주를 결합하는 것을 포함한다. 삼각법에 대한 논리 (Creswell, 1994; p.175)는 다음과 같다: 1) 연구 결과의 수렴 타당성; 2) 하나의 현상에 대한 겹치고 다른 측면을 보는 보완성; 3) 하나의 연구 방법이 일련적으로 다른 연구 방법에 도움을 주어 발전시키는 측면; 4) 모순과 신선한 시각이 떠오르게 하는 주도성 (initiation); 마지막으로 5) 혼합된 방법이 연구에 범위와 넓이를 더해주는 확대성. 이리하여, 연역적 그리고 귀납적 방법을 결합하여 사용하면 이러한 다섯 가지 논리의 하나 또는 그 이상의 효과가 있을 것으로 기대할 수 있다.

세 가지 변수인, 학교 리더십, 학교 문화, 그리고 개혁의 성공 그리고 그들 간의 인과 관계는 연역적 방법에 의존하는 전통적 양적 방법에 의하여 평가되었다. 개발 리더십은 비전, 몰입, 팀, 개인, 그리고 기회의 다섯 가지 차원을 가지고 있다 (Robertson and Briggs, 1995). 이 다섯 가지 차원의 개발 리더십은 학교 리더십의 주요한 측면을 담고 있다고 가정된다. 그리고 학교 문화는 두 가지 차원인 동료애 문화와

---

10) 이러한 이분법은 사용되는 모든 다른 방법을 항상 충분히 반영하지는 못한다. 질적인 연구 방법론자 내에서도 귀납적이냐 연역적이냐에 따라 다르게 분류될 수 있는 차이가 있다. 어떤 질적 연구자들 (Mile and Huberman, 1994; Yin, 1993)은 질적 자료를 가지고 인과 관계를 찾으려 하고, 또 다른 이들은 현상의 독특하고 특이한 의미에 초점을 두기도 한다.

학습하는 문화로 구성되어 있다.

　학교 문화에 대한 평가는 추가적 설명을 필요로 한다. 문화 모형이 인기가 있었음에도, 이에 대한 이론적 그리고 방법론적 문제들은 아직 남아 있다 (Wiener, 1988). 비판적 논의를 살펴보면 다음과 같다. 조직 문화에 대한 일련의 개념화 (Barley, 1983) 에도 불구하고, 문화 개념이 복잡하고, 다차원적이고, 다수준의 성격으로 인해 이를 개념 규정하는 것보다 이를 측정하는 것이 더 어렵다 (O'Reilly, Chatman, and Caldwell, 1991; Rousseau, 1990; Schein, 1990; Zammuto and Krakower, 1991). 문화에 대하여 "경험적인 개념 타당화에 대한 연구가 별로 없고," 또한 "문화의 성격과 차원에 대하여 매우 진보된 그리고 널리 받아들여지는 이론화 연구가 빈약하다."(Kopelman, Brief, $ Guzzo, 1990, p.286) 조직 가치에 대한 잘 연구된 이론이 없다 (Kabanoff et al., 1995).

　문화의 다른 측면들이 다양한 연구 방법에 맞지만, 조직 연구자들은 연구 방법에 대한 철학적 자세에 따라 다양한 범위의 연구 초점과 유형의 자료를 사용한다(Rousseau, 1990). 이러한 방법론적 논의는 질적 / 내부자 시각 대 (versus) 양적 / 외부자 시각으로 구분하여 말한다 (Morey and Luthans, 1984). 질적인 연구 방법을 옹호하는 사람은 다음의 두 가지 요점을 주장 한다 (Rousseau, 1990, p.166). 첫째는 문화의 근본적인 내용은 무의식적이고 고도로 주관적이어서 상호 작용적인 관찰 (interactive probing)을 요구하고, 둘째는 각 문화는 특이하고 독특해서, 비표준화된 평가를 필요로 한다. 연구자가 미리 선험적으로 (on an *a priori* basis) 개념을 범주화하는 것은 피 연구자의 시각을 잘 못 표현하여 타당성이 없거나 비윤리적일 수 있다는 것이다. 많은 연구자들은 설문지와 서베이 연구의 한계를 지적하며 열린 (open-ended) 인터뷰, 참여 관찰, 집중적인 사례 연구, 그리고 임상 연구를 포함하는 질적 연구 방법을 사용하고 있다 (Louis, 1983; Ouchi and Wilkins, 1985; Pondy and

Mitroff, 1979; Schein, 1985). Schein (1990, p.112)이 논의하기를 "문화의 깊은 수준에 대하여 알기 전에 우리가 물어보고 있는 문화의 차원이 특정 문화에서 적절한지 또는 명백히 있는지 (relevant or salient) 알기 어렵다." Schein (1990)은 또한 분석의 단위로서 조직의 인공물 (artifacts)와 상징을 연구하는데 있어서 타당성의 이슈를 제기한다. 이러한 조직의 상징이 조직의 가치와 기저에 깔린 가정을 반영하지만, 조직 상징을 연구하는 약점의 하나는 기저에 흐르는 가정에 대한 연결이 알려져 있지 않으면, 잘 못된 추론이 만들어질 가능성이 있다는 것이다 (Schein, 1990. p.112). 이러한 문제점은 조직 문화의 다음 단계의 깊은 수준인 공유된 가치나 신념에도 해당한다. 조직 문화가 지지되는 가치 (espoused values)로 규정될 때, 이러한 개념이 실제로 사용되고 있는 (theory-in-use) 또는 기저의 가정 (underlying assumptions) 과 잘 맞지 않을 때 조직 문화를 잘 못 측정할 수 있다는 것이다 (Ott, 1989, p.100-101).

질적 연구자들의 이러한 우려는 합법적인 관심이긴 하나, 어떤 이론가들은 연구 방법의 사용에 있어서 좀 더 실제적이고 덜 엄격하다. 그들은 보다 의식적 (가치), 행태적 (규범), 또는 관찰 가능한 (인공물)을 표준화된 그리고 비 표준화된 양적 연구 방법을 사용하여 연구 할 수 있다고 주장 한다 (Rousseau, 1990; Wiener, 1988; Zammuto and Krakower, 1991). 또한 경영대학원과 교육 대학원의 기능적 조직 이론가들 사이에는 가치가 조직 문화의 핵심적 차원이고 생각하는 다소 일관된 경향이 있다. 기능주의자들의 전통 문헌은 다른 체제적 / 구조적 요소와 관련하여 문화를 하나의 변수로 보는 경향이 있다 (Smircich, 1983).[11] Wiener (1988, p.535) 가 말하기를 "조직 행태와 일에 관한 일련의 핵심적이고

---

11) 문화에 대한 기능적 그리고 해석학적인 전통에 대하여 다루어졌다 (Smircich, 1983). 문화에 대한 기능적 이해는 이 풍부한 개념을 사소화 했다고 비판을 받아왔고 조직 구성원들에게는 공모적이라는 것이다 (Siehl and Martin, 1990). 그러나 다른 문화 개념에 대한 이념 논쟁도 가능하다.

중요한 가치들이 조직 구성원들에 의하여 조직 단위와 계층을 넘어 공유될 때, 중앙의 가치 체계가 존재한다고 말할 수 있다"는 것이다.

본 연구는 후자의 기능적 입장을 따라 조직 / 학교 문화가 조직의 인공물인 조직 구성원 집단의 행태, 활동, 그리고 행동을 검토하여 측정할 수 있다고 주장한다. 학교 문화를 학교 구성원들에 의하여 공유되는 일련의 가치로 규정하고 이러한 가치를 비교적 길고 상대적으로 포괄적인 인터뷰 자료로부터 추론하고 "감각적으로 느끼는 (sensing)" 것이 그리 잘못된 것이 아닌 것이다.

학교 리더십과 문화의 하위 차원들이 측정될 개념 구성이다. 이러한 각 하위 차원에 대하여 3-6개의 적절한 일련의 질문과 함께 이러한 질문에 가능한 순위가 있는 응답 (potential ranked responses) 이 만들어졌다 (이러한 질문을 사용한 구체적 코딩 과정은 나중에 설명된다). 잠재적 응답은 높음-중간-낮음의 세 단계로 순위가 정해진다. 이러한 세 단계 척도 (trichotomous scale) 질문들은 주어진 문장 인터뷰 자료에 대하여 적절한 것으로 생각된다. 이러한 질문들은 문헌을 검토하여 개발되었고, 개발 리더십은 Robertson and Briggs (1995) 가 제시한 질문을 사용하였다. 이러한 질문들은 부록 B에 포함되어 있다.

마지막 결과 변수인 개혁의 성공은 본 연구에서 사용한 자료로부터 코딩되지 않았다. 위에서 이미 설명하였듯이 개혁의 성공은 "적극적으로 개혁하는 학교"와 "개혁에 어려움을 겪고 있는 학교"로 구분되는데 이 변수는 교육구 행정가와 코오디네이터에 의하여 평가되고 교장들에 의하여 스스로 보고되기도 하고, 그리고 교수법 변화에 대한 간단한 기술을 유도한 인터뷰 질문을 통하여 확인되었다. 이 변수는 1단계 연구의 목표가 다른 수준의 개혁 성공을 보여준 일련의 학교들에 대한 연구였기 때문에 단지 1단계 학교에만 해당한다. 반면에 2단계 연구의 핵심 관심은 일련의 적극적으로 재구조화하는 학교들의 교과 과정과 교수법의 새로운 실천들을 명시적으로 조사하는 것이었다.

데이터베이스가 담겨 있는 매체 때문에 두 가지의 코딩 방법이 사용되었다. 컴퓨터 전자 형태로 저장되어 있는 2단계의 13 학교에 관한 데이터 세트에 대하여는 컴퓨터 프로그램이 사용되었다. 나머지 데이터 세트에 대하여는 전통적인 수작업에 의한 코딩이 이루어졌다. 질적이고, 비 숫자 자료 (non-numeric data) 를 분석하기 위하여 개발된 NUD*IST (Qualitative Solutions and Research, 1996)라 불리는 컴퓨터 프로그램을 13개 학교의 자료를 코딩하는데 사용하였다. 이 프로그램은 자료를 코딩하고 불러오는 기능과 같은 전통적인 컴퓨터 프로그램이 하는 기능 이상을 하도록 설계되었다. 이 프로그램은 또한 가설 검증과 이론 개발을 위하여 설계되어 있다. 이 프로그램은 연역적 그리고 귀납적 두 가지 방법에 의하여 사용될 수 있지만, 귀납적 방법을 사용할 수 있는 것이 이 프로그램의 매력이다. 이 프로그램의 정수 (gist) 는 이론적 포만 (theoretical saturation) 이라는 용어에 의하여 표현된다. 이는 자료를 탐구하여 얻어지는 혜택의 한계 효과가 감소할 때까지 자료가 계속적으로 검토되고, 탐구되고, 그리고 코딩된다. 코딩을 언제 멈추어야 하는지는 연구자의 주관적 판단에 달려 있다. 자료의 일부가 전자 형식으로 이용 가능하지 않기 때문에, 그리고 새로운 주제 (themes) 나 변수들을 발견할 때 마다 코딩과 재코딩 하는데 필요한 순수한 시간과 노력의 양 때문에 이 프로그램의 최대한 잠재력이 가용되지 못하였다.

디스켓에 저장되어 있는 자료가 NUD*IST 프로그램으로 옮겨지기 전에 자료의 모든 인터뷰 텍스트는 Microsoft Word에서 단락 형식에서 편집되고 "청소되었는데," 이유는 NUD*IST에서의 편집 기능이 불가능한 것은 아니지만, 훨씬 느리고 문제가 많았기 때문이다. 코딩될 모든 단락이 NUD*IST 프로그램에서 코딩 단위로 인식되기 위해서는 리턴키 (a hard return) 에 의하여 구분되어야 한다. 단어, 문장, 섹션, 또는 전체 문서 같은 여러 가지 코딩 단위가 연구의 목표와 설계에 따라 사용될 수 있는 반면에, 단락이 본 연구에서 각 변수의 주어진 차원을 코딩

하는데 충분한 정보를 담고 있는 적절한 단위로 간주된다.

　모든 문서를 (각 문서는 한명의 피 인터뷰인의 응답을 담고 있다) NUD*IST 프로그램으로 옮긴 후 각 문서를 부른다. 코더가 문서내의 각 단락을 읽어가며 이 단락이 어떤 변수와 어떤 등급 수준 (이 연구에서 높음, 중간, 그리고 낮음) 을 나타내고 있는가를 판단하였다. 각 단락이 코딩될 때 (예를 들면, 한 단락이 리더십-비전-코딩 질문 1-중간으로 코딩될 수 있다), 각 단락은 컴퓨터 프로그램에 있는 계층적 나무 노드 (a hierarchical tree-node)(노드는 가지나 인덱스 나무가 분리되는 곳을 말한다)에 저장되는데 이러한 노드는 변수와 범주에 기초하여 설계되어 있다. 어떤 단일 단락은 여러 번 코딩되어 여러 노드로 들어가 저장된다. 이러한 나무-노드는 컴퓨터 파일이 계층적으로 조직화되는 것과 같은 방식으로 조직화되어 루트 디렉토리-디렉토리-하부 디렉토리가 있게 된다. 이러한 트리-노드는 코딩화된 자료를 저장하는 조직화된 방법으로 이러한 자료는 나중에 요청되면 항상 불러질 수 있다. 각 트리-노드는 자체의 숫자 주소가 있어 각 노드 (나누어지는 범주)가 어디에 위치하고 있는가를 보여준다. 예를 들면, 트리가 피라미드 형식으로 조직화되어 제일 위에는 뿌리-노드(이는 처음 범주를 시작하는 부분으로 주소 (1)라 불린다)가 있다. 이 뿌리 노드 밑에는 일반적으로 두 가지 유형의 노드가 있다. 한 유형은 인구 통계와 같은 기본 정보가 담겨있는 곳이다. 다른 유형은 노드가 연구 변수에 세워진 변수 노드들을 말한다. 이 연구에서는 세 가지 아이-노드(child-nodes): Phase (단계) (주소: 11 은 여기서 1단계 또는 2단계 학교를 말한다), 지도성 (12), 그리고 문화 (13). Phase (11) 노드는 2개의 아이-노드인 Phase Ⅰ (111)과 Phase Ⅱ (112) 를 가지고 있다. Phase Ⅰ(111) 노드는 15개의 학교를 의미하는 15개 아이-노드를 가지고 있는데 이는 노드 (1111)부터 노드(11115)까지 있다. Phase Ⅱ (112) 노드 또한 노드 (1121) 부터 노드 (11215) 까지 가지고 있다. 같은 학교의 모든 개인

피 인터뷰인의 응답은 각 학교 노드에 저장되어 있다. 리더십 (12) 노드는 5 개의 아이-노드를 가지고 있는데 이는 비전 (121), 몰입 (122), 팀 (123), 개인 (124), 그리고 기회 (125)가 된다. 학교 문화의 개념이 조직화 되었듯이 문화 (13) 노드는 두 개의 아이-노드인 동료애 (131)와 학습(132)을 가지고 있다.

트리 구조화된 인덱스 시스템 (tree-structured index system)에 더 깊숙이 들어가 보면, 비전 노드(vision node) (121) 는 아이-노드(child-nodes)인 코딩 질문 1(1211), 코딩 질문 2(1212), 그리고 코딩 질문 3(1213) 으로 분류 범주화 된다. 코딩 질문 1(1211)은 더욱 세 가지 트리 노드 (tree-nodes)인 높음(12111), 중간 (12112), 그리고 낮음 (12113) 으로 나누어진다. 이러한 3가지 가장 낮은 단계의 노드가 코딩된 단락이 저장되는 최후의 주소가 된다. 예를 들면, 특정 단락이 학교의 비전 개발을 위한 "높은 (high)" 리더십 활동을 기술하는 것으로 판단 될 때 (부록 B의 개발 리더십의 비전 차원을 기술하는 코딩 질문 1을 의미), 이 단락은 노드 주소 (12111) 에 저장되어 이 단락은 "높은" 리더십-비전-질문 1로 코딩화된다. 비슷한 구조가 다른 리더십 차원과 2개의 문화 차원을 위하여 만들어 졌다. 컴퓨터 프로그램이 단지 기계적으로 연구자의 명령을 따르고, 코드화된 단락을 각 트리-노드에 저장하고, 그리고 요청된 자료를 불러내는 반면에, 각 단락에 대한 모든 주관적인 코딩 판단은 연구자에 의하여 만들어 진다.

연구자가 단락을 읽고 코딩이 진행되면서, 어떤 재미있는 아이디어, 사실, 그리고 주제(themes)는 각 노드의 "메모 (memo)" 기능에 저장되었다. 이러한 "메모" 는 코더가 믿기에 다른 정보를 증명하고 다른 아이디어나 범주 (변수)를 개발하기 위하여 나중에 사용될 수 있다는 적절한 정보를 기록하도록 설계되어 있다. "메모"에 저장된 정보는 다른 정보로 코딩 시스템에 다시 들어오는데 이를 NUD*IST에서는 "시스템 폐쇄 (system closure)"라 부른다. 이러한 시스템 폐쇄는 더욱더 코딩

과정에서 어떤 패턴을 찾고 분석하기 위한 기능인데 변수와 범주간의 어떤 패턴과 관계를 발견하고자 하는 것이다. 모든 단락에 대한 코딩이 완결된 후, 연구자가 궁극적으로 찾고 있는 정보를 제공하기 위하여 인덱스 시스템 (트리-노드)을 탐색하기 위해 연구 프로젝트의 목적과 목표에 따라 NUD*IST의 18가지 기능 중 어느 기능 (예를 들면, "상호교차 (intersect)," "결합 (union)," "빼고 (less)" 등이 있고 자세한 내용은 프로그램의 매뉴얼인 QSR (1996) 을 참조) 을 사용할 수 있는 것이다. 예를 들면, 이 연구에서 유일하게 사용된 기능인 "상호 교차 (intersect)" 가 어떻게 작동하는가를 볼 수 있다. 이 명령 기능이 하는 것은 "둘 이상의 노드에 의하여 인덱스된 모든 텍스트 단위 (단락)를 찾으라"는 명령을 하는 것이다 (QSR, 1996, p.135). "높은" (12111)-질문 1 (1211)-비전 (121)-리더십 (12)-학교 1(1111)이라 코드화된 모든 텍스트 단락을 구하기 위해서는, 명령 "(상호 교차 (intersect)" (12111) (1111))가 컴퓨터에 주어진다. 이러한 명령은 특정 학교(여기서는 학교 1) 에 대하여 "높음"-"질문 1"-"비전"-"리더십"으로 코딩된 모든 단락을 찾으라는 것이다.

모든 단락의 코드화가 이루어지고 필요한 작업이 행해진 다음 모든 코딩화된 단락과 메모가 출력되고, 조직화되고, 그리고 개별 학교의 코딩 파일로 정리되었다. 모든 텍스트를 코딩하는데 있어 어떤 실수를 점거하기 위하여 검토 작업이 이루어졌는데 커다란 실수는 발견되지 않았다.

각 학교의 변수의 각 차원에 해당하는 코딩 질문의 3단계 구분인 높음, 중간, 낮음으로 평가된 단락이 얼마나 많은지 (빈도수)가 계산되었다. 단락 빈도수의 상대적 분포에 따라 각 변수의 차원의 등급이 결정되었다. 예를 들면, 빈도수 계산에서 높음에 20개의 단락이, 5개의 단락이 중간에, 그리고 4개의 단락이 낮음에 속하면 이 특정 경우에 전체적 등급은 "높음"으로 평가된다. 또는 단락의 분포가 높음에 10개, 중간에 9개, 낮음에 7개와 같은 비교적 동등한 분포를 하면 전체적인 등급은 "중간"으로 평가된다. 이러한 과정에서, "메모"에 있는 정보들이 각 변수와 차원의 최종 코딩 등급을 확인하기 위하여 (to validate) 사용되었다. 각 변수의 최종 코드와 "메모"에 있는 "총체적 (gestalt)" 정보가 상호 일치하지 않은 경우는 없었다.

자료가 단지 종이 문서(hard copy)로만 되어있는 17개 학교에 대하여도 기본적인 코딩 과정은 컴퓨터 프로그램을 사용한 것과 다르지 않았다. 예를 들면 개별 단락이 어떤 특정 학교 리더십하의 비전에 대하여 높음, 중간, 또는 낮음으로 평가되고 빈도수는 완성된 코딩 시트 (completed coding sheets)에 계산되었다. 메모 또한 작성되었다. 그러나 수동적인 코딩 작업의 주요한 약점은 코딩화된 자료를 저장하고, 불러낼 수 없다는 것이었다. 코드화된 단락을 불러올 수가 없기 때문에 코드화된 결과에 어떤 실수가 있었는지를 알아보는 검토 과정이 생략되었다. 이렇게 코드화된 단락을 가위로 자르고, 붙여 코딩 파일에 정리하는 전통적인 방법이 사용될 수 있지만, 단순히 엄청난 일의 양 때문에 더 많은 실수가 있을 수 있다.

코드화된 각 변수의 7개 차원 (리더십은 5개, 문화는 2개)의 더 세부적 하위 차원 내에서의 높은 내적 타당성 (high internal consistency)을 반드시 예상하지는 않았다. 예를 들면, 리더십의 기회 차원에서 전체적으로 "높음"으로 평가된 학교는 세부적 5개의 하위 차원(코딩 질문에서) 에서 "높음"으로 반드시 평가되는 것은 아니었다. 최종 등급 평가에서는 여러 가지 하위 차원들(특히, 코딩 질문)이 동등하게 가중치가 부여되었다. 비전과 동료애와 같은 변수 차원에 대하여 "높음" "중간" "낮음"으로 평가된 단락의 빈도수가 그 특정 차원의 전반적인 등급에 대한 기준으로 사용되었다. 학교간의 코딩 질문에 있어서의 빈도수의 차이는 본문 (textual) 분석에서 사용되었다.

연역적 방법과 더불어, 연역적 연구와 연구 결과를 보완하고 "삼각법에 의한 타당성 검증 (triangulate)" 을 위하여 귀납적 방법이 사용되었다. 이 귀납적 방법의 주요 목표의 하나는 이전의 이론에 대한 어떤 특정한 집착 (any particular commitment) 을 가지지 않고 자료를 면밀히 검토하여 어떤 경쟁 이론이 있는가를 탐구하는 것이다 (Strauss, 1995). 어떤 재미있는 그리고 적절한 변수나 범주가 코딩 과정에서 발견되거나 나타날 때마다,12) 이러한 변수가 컴퓨터 프로그램의 인덱스 트리 (index tree)에 새로운 범주로 추가되고 이러한 변수를 기술하는 적절한 텍스트(text)가 코딩된다. 이러한 귀납적 방법을 사용하여 가설에서는 포함되어 있지 않지만 주요 변수와 어떤 가능한 관계를 가지고 있는 적당한 변수들이 탐구된다. 학교 변화의 역동적 과정에서 이렇게 귀납적으로 드러난 변수의 역할과 효과가 탐구되었다. 원래의 연역적 연구 설계가 4가지 주요 변수 (SBM, 학교 리더십, 학교 문화, 그리고 개혁 성공)간의 관계에 초점을 두었지만, 다른 상황적 그리고 조절 변수를 통제하지 않고 폐쇄적으로 연구 경계를 정하는 것은 이들 간의 관계를 명확히 하기보다는 흐리게 할 수 있다. 본 연구가 모든 변수간의 모든 가능한 관계를 설정하거나 탐구하려고 하였던 것은 아니지만, 어떤 상황 변수와 이들이 리더십과 학교 문화와의 관계를 살펴보는 것은 SBM, 학교 리더십, 그리고 학교 문화 간의 가능한 인과 관계를 명확히 하는데 도움이 되고 리더십과 문화를 좀 더 넓고 적절한 시각으로 볼 수 있게 한다.

  SBM의 형태와 교육구 리더십이 추가적인 변수로 인지되었다. 이러한 변수는 귀납 과정의 성격 때문에 연역적으로 규정된 변수만큼 엄격히 규정되지 않았다. 질적 연구에서는 귀납적인 과정의 주관적이고 유동적인 성격 때문에 이러한 변수의 타당성은 덜 중요하게 여겨진다. 첫

---

12) 귀납적 방법에서는 코딩과 분석과정간의 구분이 항상 명확한 것은 아니다. 질적 연구방법에서는 자료 분석이 자료 수집부터 시작하여 자료의 코딩, 그리고 메모 과정을 통하여 계속되고, 그리고 좀 더 공식적 패턴 탐색은 분석과정에서 수행된다.

째, 코딩과 자료의 탐색과정을 통하여 7개 학교에서 4가지 형태의 SBM이 발견되었고, 학교 리더십과의 관계가 탐색되었다 (나머지 23개 학교의 인터뷰 자료는 특정한 SBM 형태를 인식하기에 충분한 정보를 제공하지 못하였다. 한 학교는 전형적인 대표형의 학교 운영 위원회 (a rather typical representative form of school council) 를 가지고 있었다. 두 개의 학교는 학부모가 학교 운영위원회의 위원이 아닌 덜 포함적인 형태의 학교 운영위원회 (a less inclusive form of SBM council) 를 운영하고 있었다. 3개의 학교는 실질적 의사결정 권한을 가지고 있지 않은 자문형의 학교 운영위원회 (an advisory form of school council) 를 가지고 있었다. 한 개의 학교는 매우 진보적 형태의 SBM을 가지고 있어, 학교 운영위원회가 교장을 초빙하고 해고할 수 있을 정도의 보다 많은 의사결정 권한을 가지고 있었다.

교육구 리더십은 교육구 사람들의 리더십 행태와 활동으로 규정된다. 인터뷰 텍스트를 코딩하면서 교육구 사람들이 실제로 행태와 행동에서 보여준 정보와 학교 구성원들이 교육구 리더십에 대하여 기술한 것이 교육구 리더십 인덱스 트리 (district leadership index tree)의 "높음" "중간" "낮음"의 범주에 코딩되고 저장되었다. 이 교육구 리더십 변수는 상황 변수로서 학교 리더십에 적정한 어떠한 설명력을 가지고 있는가가 탐색되었다.

개발 리더십이 코딩되면서 학교 리더십을 기술하는데 학자들과는 다르게 교사, 학부모, 학생, 그리고 지역 인사와 같은 실무가들이 사용하는 언어에는 재미있는 패턴이 있었다. 학교 구성원들이 자신들의 학교 리더십을 기술하도록 요청받았을 때 또는 그들의 리더십에 대하여 이야기할 때, 많은 사람들이 지지적, 위대한, 강한, 약한, 또는 독재적 등과 같은 단 하나의 형용사를 사용하여 기술하였다. 이리하여, 실무가들의 리더십에 대한 기술들을 별도의 범주로 컴퓨터 프로그램과 코딩 시트 (coding sheets)에 있는 인덱스 트리 (index tree)에 추가하였다. 실무

가들의 리더십에 대한 기술이 인덱스 트리에서 "높음" "중간" "낮음
"으로 등급이 매겨졌다. "위대한," "강한," "매우 지지적인" 과 같은 긍
정적인 표현이나 단어는 "높음"으로 코딩 되었고, 반면에, "약한," "독
재적인," "통제적인,"과 같은 부정적인 표현들은 "낮음" 범주로 코딩되
었다. 강하기는 하지만 덜 강한 의미가 담긴 표현들 또는 "강하나 독재
적인" 과 같이 학교 리더십에 대한 기술이 긍정과 부정이 혼합되어 사
용되는 경우는 이 범주의 "중간" 등급으로 코딩되었다. 일단, 변수나
주제 (themes)가 코딩의 귀납적 과정에서 인식되면, 분석은 연역적으로
규정된 변수에 대하여 사용된 것과 같은 절차를 따랐다.

3) 분석 (Analysis)

본 연구는 또한 분산과 이야기-말하기 (variation and story-telling)
이라는 두 가지의 대비적인 그러나 보완적인 자료 분석 개념을 사용하
였다. 일반적인 전통적 통계 분석 방법은 "분산 (variance)" 개념에 기
초 한다 (Miles and Huberman, 1994). 여기서 변수나 범주는 두 가지의
기준 "내부적 동질성(internal homogeneity)"와 "외부적 이질성 (external
heterogeneity)"로 판단된다 (Patton, 1987, p.154). 변수의 계량화는 이
방법의 경전과 같다. 이러한 방법에 있어서 "객관주의 (objectivism)"의
전통 때문에 변수의 타당성과 신뢰성이 추구된다. 이 방법은 변수를 계
량화하여 기술하여 하고 변수가 다른 변수에 끼치는 정확한 효과를 설
명하려 한다.

분석을 위한 자료는 각 학교에 대하여 코딩된 대로 연구 변수의 각

차원에 대한 등급의 현태로 부록 A의 표 A-1 에 있다. 교육구 리더십과 학교 리더십 관계를 우선 보면, 이 관계에 해당하는 증거는 이 두 변수를 교차 비교하여 평가할 수 있다. 두 변수의 등급이 교육구 리더십과 학교 리더십이 "높음-높음," "중간-중간," "낮음-낮음" 의 같은 패턴을 보여주는 것은 이 두 변수 간에 높은 상관관계가 있을 가능성을 보여주고, 교육구 리더십이 학교 리더십에 대하여 강한 영향력을 가지고 있다는 것을 의미한다.

학교 리더십과 학교 문화의 관계에 대한 증거는 리더십과 문화 간의 교차표 (cross-tabulation) 에 의하여 제공되는데 이 교차표는 부록 A 표 A-2에 나와 있는 10개의 3*3의 매트릭스가 된다. 이 매트릭스 표는 독립 변수인 학교 리더십의 5 가지 구체적인 차원들이 종속 변수인 학교 문화의 차원들과 어떻게 관계가 있는지를 보여주었다. 매트릭스에 있는 9개의 셀(cell)은 두 변수간의 구체적 등급 간에 존재하는 9 가지 패턴의 빈도를 나타낸다. 세로의 "높음(high)"과 가로의 "높음(high)"은 두 변수 모두 각자의 차원 간에 높은 순위를 보여주었음을 나타낸다.

매트릭스의 빈도수의 패턴은 변수 관계의 가설을 검증하기 위하여 조사되었다. "높음-높음" "중간-중간" 그리고 "낮음-낮음"의 셀은 가설화된 변수간의 관계를 가장 잘 지지하는 것으로 "독립" 변수의 변화가 "종속" 변수의 변화와 관계가 있음을 나타낸다. "높음-중간" "높음-낮음" 그리고 "중간-낮음" 셀은 가설 모델을 잘 지지하지는 못하지만 반드시 일치하지 않는 것도 아니다, 왜냐하면, "독립 변수" 의 변화가 "종속" 변수의 변화에 영향을 끼치는데 시간이 필요하기 때문이다. 다시 말하면, 리더가 개발 학교 리더십의 각 차원에 있어서 높은 수준의 리더십을 보여주긴 했으나, 리더십이 학교 문화에 끼치는 충분한 영향은 시간이 걸리기 때문이다. "중간-높음" "낮음-높음" 그리고 "낮음-중간"은 기본적으로 본 연구의 가설 모델과 일치하지 않는데 이는 "종속" 변수의 높은 수준의 변화가 "독립" 변수의 비슷한 수준의 변화가 없어도 가능함을 나타낸다.

학교 문화와 개혁의 성공의 관계는 부록 A 표 A-2에 제시된 2개의 3*2 매트릭스에 의하여 분석되었다. 이 매트릭스의 논리는 "종속" 변수가 "높음 (적극적으로 개혁하는)−낮음(개혁에 어려움을 겪고 있는)"이라는 이분법적으로 코딩되긴 하였지만, 위에서 설명한 학교 리더십과 학교 문화 매트릭스와 같다.

이러한 교차표 비교는 변수 간 관계의 방향과 강도만을 보여줄 수 있다. 이러한 변수의 교차표는 양적인 편차 (the quantitative variance)를 비교적 정확하게 설명하는데 도움이 되긴 반면에, 본 연구에서 사용된 단순한 범주화는 자료의 보다 완벽한 분석을 위해 사용될 수 있는 중요한 정보를 잃어버릴 수도 있다. 다른 말로 하면, 자료의 코딩과 단순히 매트릭스를 만드는 것은 단지 가능한 자료 분석의 시작일 뿐이다. 자료 분석의 두 번째 보완적인 방법은 이야기−말하기 (story-telling)이다. 이야기−말하기 방법은 계량적인 분산 방법이 가지고 있는 한계를 극복하고 보완한다. 질적 텍스트 자료의 계량화에 있어서의 한계는 질적인 풍부한 기술을 위해서는 귀중한 자산이 된다. 이러한 질적인 이야기−말하기 방법은 변수간의 복잡하고, 역동적이고, 그리고 인과 관계에 살을 붙여 (fleshes out), 변수 간에 실제로 무엇이 일어났는지, 어떻게 일어났는지, 그리고 왜 일어났는지 뿐만 아니라, 발견 결과와 범주를 계속하여 비교해준다 (Strauss, 1995). Miles and Huberman (1994, p.302) 가 언급하듯이, "이야기 없는 변수는 우리가 보고 있는 것의 의미와 넓은 시각에서의 의미를 충분히 말하여 주지 못하고, 결국 추상적이고 설득력이 없다." 해석학과 현상학의 전통 (the interpretive and phenomenology tradition) 이 이야기−말하기에 준 영향 때문에, "의미"와 "이해"는 이 연구 방법의 중요한 목표가 된다. 객관적인 현실로서의 "바깥 거기에 있는 무엇 (what is out there)"을 찾으려고 하는 것보다, 우리가 세상에 대하여 어떻게 이해하는 것 (how we make sense of the world)

가 더 중요해진다. 이러한 전통에서는 타당함 (reasonableness), 주관성, 또
는 간주관성 (intersubjectivity) 가 객관주의 또는 합리성보다 선호되는 용
어이다. 이야기-말하기는 변수간의 계량화된 관계에 살을 더해준다. 현실
의 주관적이고 간주관적인 가정 때문에 변수의 타당성과 신뢰성은 이러한
질적인 연구 전통에서는 그리 존중되지는 않는다.

  질적인 이야기-말하기 방법은 또한 사례 연구 방법 (Yin, 1994)로부
터 일부 분석적 개념을 빌려다 쓴다.13) 이 사례 연구 방법은 이의 신축
성에서 독특하여, 다양한 분석 단위 (multiple units of analysis) 와 다양
한 사례의 중복 모방 (replication of cases) 가 가능하고, 변수보다는 과
정에 초점을 둔다. "분산 방법 (variance method)" 과 핵심적으로 다른
것은 분산 방법에서와 같이 사례는 표본 단위 (sampling units) 가 아닌
것이다. 사례 연구 방법에서는 다수의 사례 (multiple cases) 는 보다 여
러 개의 실험 (multiple experiments) 과 같다. 이러한 논리에서 "돌출
표본 (outlier)"의 개념은 사례 방업에서는 문제가 되지 않는다. 차라리,
한 개의 중요하고, 독특하고, 또는 계시적인 사례는 매우 정당화된다.

  SBM 형태와 개발 리더십과의 관계에 대한 탐구는 7개라는 매우 작
은 표본 크기를 고려하여 이야기-말하기에 기초하였다. 각 사례에 대
한 분석은 두 변수간의 상호 작용을 포함하여 변수 간 관계의 역학에
관한 보다 깊이 있는 정보를 제공해준다.

  학교 리더십과 학교 문화 간의 관계도 두 변수간의 관계의 "무엇"과
"어떻게" 에 대한 내용을 설명하기 위하여 좀 더 자세히 설명되었다.
첫째, 학교 리더십의 어느 차원이 학교 문화에 영향을 주고 어느 정도
영향을 주는지, 다른 말로 하면, 학 리더십의 어떤 요소나 범주가 학교
문화를 설명하는데 도움이 되는지를 살펴본 것이다. 두 번째는 어떻게
학교 리더십이 학교 문화와 관계가 있고, 어떻게 영향을 주는지를 말한

---

13) 사례 연구 방법을 계량적 또는 질적 연구 방법이라고 이름 붙이는 것에 대하
   여 이론이 있을 수 있지만, 여기서는 단지 전통적 계량 방법과 구별할 뿐이다.

다. 리더의 행태와 활동뿐만 아니라, 또한 중요한 사건이 재구조화의 역동적 과정에 대하여 실제로 무엇이 일어났는가, 그리고 무엇이 무엇을 야기했는가를 설명하기 위해 사용되었다. 학교 리더십과 학교 문화의 하부 차원간의 인관 관계가 증거가 있는 한 설명되었다. 많은 경우에 어떤 리더십 하위 차원이 학교 문화 하위 차원에 준 영향을 구별하는 것은 불가능하였다. 그러나 자료가 이용 가능할 때는 학교 리더십의 하위 차원이 학교 문화의 두 하부 차원인 동료애와 학습하는 문화에 끼친 별도의 효과가 탐구되었다.

 학교 문화와 개혁의 성공간의 관계에 대한 이야기-말하기 분석은 학교 리더십과 학교 문화 관계에 대한 분석과 유사하다. 많은 학교들이 변수의 등급에서 "중간"으로 평가되었음에도 불구하고, 대비적인 패턴을 보여주기 위하여 "높은 문화-높은 개혁의 성공" 과 "낮은 학교 문화-낮은 개혁의 성공"간의 비교에 특징적으로 초점을 두었다.

 마지막으로 분산 분석과 이야기-말하기 방법으로부터의 여러 가지 발견들을 종합하고, 연결하고, 타당성을 확보하기위해 뿐만 아니라, 변수간의 관계를 설명하는데 도움이 되는 다른 추가적인 변수를 찾기 위한 노력이 더 있었다. 분석과 이야기 구성의 일은 과학자에게는 도전적인 일이라는 Pondy (1978) 의 논의를 염두에 두고, 미세 수준의 분석(the micro-level unit)을 넘어서려는 노력을 하였다.

연구 발견(Findings)

SBM의 형태와 학교 리더십의 관계를 탐구하여 이 두 변수간의 긍정적인 그러나 제한적 관계를 보여주는 증거들을 발견하였다. 개발 리더십, 학교 문화, 그리고 개혁의 성공 간의 가정된 인과 관계도 매우 강하게 지지되었다. 상황 변수인 교육구 리더십이 인지되었고, 이 변수의 학교 리더십에 대한 가능한 효과 또한 중요한 것으로 발견되었다. 또 다른 기저에 있는 주제 (themes) 과 패턴이 드러났다.

1) SBM 과 학교 리더십
(SBM and School Leadership)

많은 학교들에서 리더십이 상당한 정도로 향상되었고, 그리고 최소한 대부분의 학교 사람들은 SBM 이 도입된 후에 보다 많은 발언권을 가졌고, 권한이 강화되었다. 작은 관여 (a small intervention) 가 커다란 효과를 야기했다고 말할 수 있다. 그러나 학교 리더십이 변한 정도에 있어서 학교 간에 차이가 많았다. 많은 학교 리더들은 새로운 시스템을 어떻게 운영해야 하는지 고민하고 있었고, 새로운 기준 (parameters) 이 무엇인지 확신을 갖고 있지 못하였다. 어떤 리더들은 SBM은 "시간 낭비 (a waste of time)," "밑 빠진 독(a big drain)," 또는 "독재적 강제 (imposition)" 로 생각했다. 학교 리더십에 영향을 주는 다른 변수들이 있다는 것을 쉽게 생각할 수 있지만, SBM의 형태가 학교 리더십과 인과적으로 관계가 있다는 증거들이 있다.

(1) 다른 형태의 SBM과 학교 리더십

SBM은 학교들이 보다 많은 의사결정 권한을 갖게 하는 통치구조 형태를 나타내는데, SBM의 실제 설계 구조(the actual configurations of SBM) 은 주정부 또는 학교구의 강제와 같은 상황적 요소뿐만 아니라 SBM에 대한 각 학교의 선택과 자율권에 따라 달라진다. 이리하여, SBM의 형태가 같은 교육구내에서도 차이가 있었다. 어떤 교육구는 정해진 년도까지 SBM을 채택하도록 강제하기도 하고, 어떤 학교구는 학교들이 자발적으로 참여하도록 허락하기도 하였다. Jefferson County의 경우에는 주정부가 입법에 의하여 모든 학교들을 재구조화하도록 관여하기도 하였다. 어떤 학교에서는 모든 교직원이 학교 운영위원회 위원이기도 하고, 어떤 학교에서는 학과나 팀의 장만이 학교 운영위원회의 위원이기도 하다. 어떤 학교에서는 학부모와 학생은 학교 운영위원회의 공식적 위원이 아니었다. 그러나 대부분의 학교에서는 운영위원회의 구성에 행정가, 교사, 학생 (고등학교의 경우), 학부모, 그리고 지역 인사들을 포함하였다. 다른 형태의 SBM이 학교 리더십에 어떻게 영향을 주었는가에 대한 구체적 증거는 일곱 개의 사례 연구 (학교들)에 의하

여 제공되었다.14)

각 학교들이 나름의 독특한 상황을 가지고 있기는 하지만, 어떤 형태의 SBM이 다른 형태보다는 학교 리더십에 강한 영향을 가지고 있다는 몇 개의 패턴이 있다. 첫 번째 발견 사실은 학부모가 학교 운영위원회의 위원으로 참여하는 보다 참여적인 형태의 의사결정 위원회가 그렇지 않은 형태의 학교 운영위원회보다 보다 효과적인 개발 리더십을 이끌어냈다는 것이다. 하나의 학교에서는 학부모들이 학교 운영위원회의 위원이 아니었는데, 학교 리더십이 어려움을 겪었다. 이 학교는 "참여 경영(Participation Management)" 프로그램의 효과적인 관리에 어려움을 겪었는데, 특히 학부모와 관계에서 그러하였다. 이유는 이 프로그램 하에서는 학교 운영위원회에 학부모 참여가 공식화되지 않아, 학부모의 참여가 제한된다. 학부모들은 진정한 의사결정을 하는 것이 아니기 때문에 그들은 초대된 손님으로 느꼈다. 이리하여, 학교가 의사결정과정에 학부모를 참여시킬 구조적 인센티브가 강하지 않았다. 학부모들은 효과적인 위원이 될 만큼 충분한 권력을 가지고 있다고 느끼질 못했다. 일반적으로 학교 운영위원회에 관한 정보가 학교 공동체 사회에 배포되지 않아 학부모들은 학교 운영위원회를 "단지 하나의 형식(just a formality)"로 보았다. 이러한 제한된 형태의 SBM은 학부모의 리더십이 충분히 발전하는데 장애가 되었다. 이 학교에서는 하나의 움직임이 있었는데, 이는 "참여 경영(Participation Management)"에서 주 정부의 단위학교 의사결정 체제 (School-Based Decision-Making, SBDM)로 전환하는 것이었는데 이 제도 하에서는 학부모들은 보다 공식적인 역할을 갖게 되고, 학부모들이 선출되어 봉사하게 되고, 학교 운영위원회의 1 / 3을 대표하게 된다.

---

14) 다시 말하면, 주어진 인터뷰 자료에만 의존한 다른 형태의 SBM과 학교 리더십간의 관계에 대한 탐험의 성격을 고려할 때, 나머지 23개 학교에서의 SBM 형태에 관한 정보는 이용가능하지 않았다.

위의 사례가 보여주기를 통치 구조는 중요하고, SBM의 통치 구조가 지역 사람이 보다 많은 권력을 갖게 하는 SBM의 정신을 구현하지 못할 때, 학교 리더십 그리고 최소한으로는 학부모의 리더십이 성장할 수 없음을 보여준다. 두 번째의 학교에서도 학부모가 공식적 의사 결정 권한을 가지고 있지 않은 참여 경영 (Participation Management) 제도의 제한된 효능성을 보여주었고, 같은 리더십이 보다 참여가 개방되어 있는 형태인, 단위학교 의사결정 체제 (School-Based Decision-Making, SBDM) 형태에서는 향상이 되었다는 것을 보여주었다. 전반적으로 이 학교는 SDBM과 함께 긍정적으로 변화하였다. 학교 행정가들이 이 제도를 수용하였다 (Administrators were bought into it). 많은 교사들이 어느 정도의 갈등과 약한 리더십에도 불구하고 권력이 증가되었다고 느꼈고 또한 소유감도 있다. 이 학교 사례는 보다 참여적인 형태의 SBM 통치 구조는 어느 정도 리더십에 영향을 주었다는 것을 보여주었다.

다음 학교 사례는 대표형 대비 순수 민주주의 형태의 학교 운영위원회에 관한 재미있는 이야기를 제공한다. 이 학교는 권위에 대하여 반감을 가지고 있는 일단의 교사들에 의하여 시작된 실험학교였다. 이 학교에는 진정으로 교사들이 권한과 자율성을 가지고 있었다. 대표제가 아니고 모든 이해 관계자이 환영받고 참여하기를 기대하였다. 이리하여, 모든 교사, 학생, 그리고 학부모들이 학교 통치 체제의 구성원 이었다. 이후, 교육구가 공식적인 SBM 제도를 도입하여 원래의 순수 민주제를 대체하는 대표제를 실행하였다. 교육구가 시작한 제도 하에서, 학생과 학부모들은 선출된 대표를 통하여 참여하였다. 새로운 제도 하에서, 교사들은 원래 교사들의 권한과 자율성의 학교 창시 철학과 교육구의 관여와 요구 사항 사이에 있는 갈등 하에서 어려움을 가졌다. 진정한 민주주의제로부터 대표제로의 전환은 교사, 교당, 그리고 교육구 사이에 갈등과 적대적 관계를 야기했다. 이 사례는 새로운 형태의 통치 구조가 이해 관계자들의 목소리를 제한하고 다른 사람들의 권한을 박탈 할 때

(disenfranchise), 학교 리더십이 타격을 입는다는 것이다.

다른 세 학교에서는 학교 운영위원회가 진정한 의사 결정권한 대신
에 단지 자문의 역할만을 가지고 있을 때 효능성이 매우 제한될 수 있
음을 보여주었다. 이러한 학교 중의 첫 학교는 교장 중심 경영제 (Pri-
ncipal-Based Management, PBM)의 형태를 가지고 있었다. 이 PBM제
도 하에서 학교 운영위원회인, 교원 자문 위원회 (Faculty Advisory Cou-
ncil)는 단지 자문 역할만 수행하는데, 교장은 단지 일련의 선택된 사람
들만의 말만 듣고, 많은 다른 사람들은 의사 결정 과정에서 배제되었
다. 이 제도 하에서는 최고의 교장을 가지고도, 모든 사람이 자기들이
가지고 있는 영향력의 수준과 참여에 만족하지 못하였다. 예를 들면, 교
원 노조는 이 제도에 불만을 갖고, 이 교원 자문 위원회 (Faculty Advi-
sory Council) 를 교사, 행정가, 상담사와 학부모로 구성되어 진정한 의
사결정 권한을 갖게 되는 학교 운영위원회로 대치하자고 제안하였다. 다
른 두 개의 Prince William County 학교구 학교들도 자문형의 운영위
원회를 가지고 어려움을 가지고 있었는데 이 학교의 운영위원회는 독
재적인 교장 리더십에 의하여 통제되고 있었다. 이 두 학교에서는 교장
만이 유일한 리더였다. 매우 약한 형태의 SBM과 매우 독재적인 교장
을 가지고 있을 때 이러한 학교에서는 다른 리더들이 성장하고 떠오르
기 어렵다. 자문형의 학교 운영위원회가 학교 리더십을 약화시켰다는
위의 3가지 사례의 증거들은 통치 구조가 중요함을 말해준다.

위의 6가지 사례는 다음의 사실을 보여주었다: 1) 학부모가 학교 운
영위원회의 공식적 위원이 아닌 매우 약한 형태이거나 덜 참여적인 형
태의 SBM 하에서는 리더십은 희생 되었다 (school leadership suffered);
2) 학무모와 학생이 대표자를 통하여 참여하는 대표제보다는 완전한 민
주형 제도 하에서 학교 리더십이 더 효과적 이었다; 3) 학교 리더십이
자문형의 학교 운영위원회 제도 하에서는 고통을 받았다는 것이다. 이
러한 6개 학교로 부터의 증거들은, 의사 결정 제도에 보다 많은 사람

을 참여 시키고, 단위학교 운영위원회에 실질적인 의사결정 권한을 제
공함으로써 SBM의 정신을 구현하는, 보다 참여적이고 강한 형태의
SBM이 그렇지 못한 형태의 통치 구조보다 학교 리더십에 더 긍정적인
효과를 주었다는 사실을 강하게 전달하였다.

　마지막 사례 학교는 위에서 기술된 연구 결과와 학교 운영위원회가
교장을 임기를 연장하거나 해촉 할 권한을 가지고 있는 매우 강한 그
리고 급진적 형태의 SBM (a stronger and even radical form of SBM)
이 보다 효과적인 학교 리더십을 개발할 수 있을 것이라는 기대에는
모순되는 것으로 보였다. 이렇게 진보적인 형태의 SBM에서, 학교 리더
십이 퇴보하여 학교가 무너져 가고 있었다 (the school was falling apart).
급진적 형태의 SBM에서도 학교 리더십이 더욱 나빠진 사례는 SBM의
힘 (the power of SBM) 에 관하여 당혹스러워 학교 리더십과 SBM의
효능성을 어떻게 설명할지 난감해 보인다. 이러한 학교 사례는 전통적
통계 분석의 의미에서는 "돌출 표본 (outlier)"으로 간주될 수 있었다.
사례를 자세히 분석해보면 이 특정 학교에서는 SBM 형태와 학교 리더
십은 상호 작용하고 있었다고 할 수 있다. 학교 리더십, 특히 교장 리
더십은 보다 급진적 형태의 SBM을 원했던 사람들 (여기서 교사들)이
가지고 있는 열망과 기대에 부합하는 비전을 개발할 수가 없었다. 이
특정 사례는 진보적 형태의 SBM 조차도 모든 경우에 있어서 학교 리
더십을 긍정적인 방법으로 변화시킬 수 있는 것은 아니라는 것을 의미
했다.

　위의 일곱 가지 사례의 연구 결과가 의미하는 것은 SBM이 학교 리
더십을 변화시키는데 있어 잠재적으로 긍정적인, 그러나 제한된 효능성
을 가지고 있다는 것이다. 매우 급진적 형태의 SBM이 학교 리더십을
향상시키지 못한 마지막 사례는 학교 리더십에 영향을 주기 위한 통치
구조로서의 SBM의 효능성을 부정하는 것이 아니라, 단지 SBM의 제한
된 능력을 나타낸다. 나머지 23 학교에서의 SBM의 형태가 이용 가능

한 자료 세트로부터 알려질 수 없었지만, 어떤 사례는 보여주기를 SBM의 도입이 학교 리더십에 별 영향이 없었다는 것이다. 오히려, 이러한 사례에서는 여러 가지 형태의 SBM 설계 구조는 비효과적인 학교 리더십, 대부분 교장 리더십에 의하여 압도되거나 가려졌다 (overpowered or eclipsed). 이러한 증거는 통치 구조로서의 SBM은 비효과적인 학교 리더십을 향상시키기에 항상 충분히 강하지 않다는 것을 말해준다. 교장이 의사결정에 있어서 최종 책임을 갖는 대부분의 SBM 학교에서는 교장이 의사결정 권한을 공유할 것이 기대된다. 교장이 학교에 대하여 지는 책임과 교장의 실제 권한의 불일치는 많은 학교에서 교장의 거부권을 놓고 갈등을 야기하였다. 제한된 SBM 통치 구조가 교장의 독재적 스타일과 갈등에 부닥쳤을 때, 학교 운영위원회는 자주 "고무도장 (rubber stamps)"로 전락하였다.

(2) 상황 / 조절 변수

상황 변수인 교육구 리더십이 학교 리더십에 어떤 효과가 있었다는 증거가 있었다. 부록 A의 표 A-1에 있는 교육구 리더십과 학교 리더십 사이의 관계를 보면, 학교 리더십에 대한 교육구 리더십의 설명력을 강하다는 것을 알 수 있다. 13, 29, 그리고 30의 세 학교를 제외하고는 교육구 리더십과 학교 리더십이 정의 상관관계를 가지고 있다. 이 세 가지 예외는 대비적인 연구 결과이다. 낮은 단계의 교육구 리더십을 가지고 있는 한 학교는 학교 리더십에서 3개의 높은 등급과 2개의 낮은 등급을 보여주었고, 교육구 리더십에서 높은 등급을 보여준 2개의 학교는 모두 낮은 학교 리더십을 보여주었다. 대부분의 다른 학교에서는 교육구 리더십 / 교육구 지원과 학교 리더십은 매우 높은 상관관계가 있다. 어떤 교육구는 교수법 리더십, 전문 개발, 자금 지원, 정보 공유, 그리고 평가를 제고하는데 있어서 매우 적극적이고, 어떤 교육구들은 지원을 잘 하지 못하거나 또는 지시적이거나 장애가 되었다. 기본적으로, 모든 교육구들이 학교의 리더십을 위해 효과적인 지원을 제공하지는 못했으며, 이는 학교에서의 리더십의 질에 부정적인 효과가 있는 것 같다.

교육구가 분권화에 대한 관심 (commitment) 이 부족한 것이 낮은 리더십을 가지고 있는 대부분의 학교와 높은 리더십을 가지고 있는 일부 학교들이 해결해야 하는 가장 중대한 문제 중의 하나이다. 많은 교육구들이 아직도 학교로 권한을 이양하려 하지 않고, 그리고 때로는 얼마나 많은 권한을 위임해야 하는지에 대하여 잘 모르고 있다. 아직도 교육구에서 이루어진 많은 결정들이 일선 학교로 강제되고 있다. 교육구들은 또한 지원에 치중하기보다는 지시적이다. 많은 교사들이 교육감으로부터의 지원이 부족하다고 불만을 하였다. 교육감은 지원적으로 보였지만, 행동은 그러하지 못하였다.

많은 교육구의 여유 없는 재정 상태와 이에 따른 교육구로부터의 재정 삭감은 학교에 커다란 영향을 주고 있다. 이러한 예산 삭감은 교직원 해고와 전문 직업 훈련 프로그램의 축소로 이어졌다. 부록 A 표 A-1의 9, 11, 그리고 23의 학교들은 같은 교육구에 속하는데 이러한 학교에서는 주정부 주도하에 경제적 동기로 재구조화 프로그램이 추진되었다. 그리고 이 프로그램 하에 학교의 예산 삭감이 이루어져 많은 교사들은 이 프로그램을 의심의 눈으로 바라보게 되었다. 이러한 학교들에서 SBM은 재정이 어려워지는 위기의 시기에 대중을 달래기 위한 조작적 기술 (a manipulative tactic)로 보여 졌다. 그러나 학교 교사들의 사기에 무엇보다도 손상을 준 것은 교육구 예산 삭감이 전달한 메시지인, 교육과 학교 사람들은 중요하지 않다는 것이었다. 일선 학교 사람들은 이러한 프로그램을 "예산 삭감을 위한 연막 (a screen for cutting dollars)" 으로 보았다는 것이다. 교육구 리더십이 효과적이지 않거나 지

원을 잘 하지 않을 때, 학교 리더들은 재구조화 자체에 대하여 냉소적
이 되고 열의를 일어버리게 된 것이다.

2) 개발 학교 리더십과 학교 문화 (Developmental School Leadership and School Culture)

(1) 발전적 학교 리더십이 학교 문화에 끼친 영향

부록 A의 표 A-1이 각 학교에 대하여 코딩된 모든 변수와 차원에
대한 등급을 보여준다. 이러한 학교들은 리더십 차원에서 높은 학교에
서부터 낮은 학교 순으로 분류되었다. 교육구 리더십, 학교 리더십, 그
리고 학교 문화는 높음, 중간, 그리고 낮음의 등급으로 평가된 반면에,
개혁의 성공은 높음과 낮음으로 이분법적으로 코딩되었다. 이 표를 살
펴보면, 학교 리더십과 학교 문화 사이에 강한 정의 관계가 있음을 확
인할 수 있다. 리더십 하위 차원의 다수 (다섯 차원 중 세 차원에서)가
높게 평가된 학교의 모든 수는 13개 학교가 된다. 13개 학교 중 한 개
(12번 학교) 학교를 제외한 12개 학교는 동료애와 학습하는 문화의 차
원에서 높게 평가되었다. 리더십 하위 차원의 다수가 중간으로 평가된
중간 수준의 학교들은 8개 학교가 있었다. 이 8개 학교 중 6개 학교가
문화 차원에서 중간 범위의 등급 (중간/높음, 중간/중간, 또는 낮음/높
음)을 보여주었다. 나머지 두 개의 학교 (20, 21)는 동료애 문화와 학습

하는 문화 각각의 등급에서 중간/낮음, 낮음/중간과 같은 중하위 등급을 보여주었다. 리더십 차원의 다수에서 낮은 등급을 가지고 있는 9개의 낮은 등급에 속하는 리더십 학교들이 있었다. 이 9개의 학교 중 7개 학교는 문화 차원에서 낮은 등급 (중간/낮음, 낮음/중간, 또는 낮음/낮음) 을 가지고 있다. 다른 두 학교는 문화 차원에서 중간으로 평가되었다. 위의 세 학교 집단이 보여준 패턴은 학교 리더십이 학교 문화와 강한 정의 관계가 있다는 가설을 지지한다. 부록 A 표 A-1이 개발 리더십과 학교 문화와의 관계에 대한 전반적인 패턴을 보여주는데, 학교 리더십과 문화와의 미시적 관계 (micro relationships)를 보여주지는 못하고 있다. 학교 리더십과 학교 문화의 아부 차원들은 넓은 개념인 리더십과 학교 문화의 독특한 측면을 밝혀준다. 하부 차원들은 리더십과 문화 개념의 광범위성과 복잡성을 고려하면, 그들 자체가 개념 또는 변수가 될 수 있다. 이러한 차원들은 문헌에서도 다소 별개의 개념으로 다루어지고 있다. 부록 A 표 A-2의 교차표 (cross-tabulations) 는 리더십과 문화의 하부 차원 간에 같은 강한 정의 관계를 보여주고 있다. 표의 대각선 칸 (the diagonal cells)인 높음-높음 (앞의 높음은 세로를 의미하고 뒤의 높음은 가로를 의미한다), 중간-중간, 그리고 낮음-낮음의 빈도수는 학교 리더십과 문화 간에 매우 강한 관계를 보여주고 있다. 높음-높음 칸 옆에 있는 중간-높이, 높이-중간과 같은 칸에는 학교가 거의 없거나 적은데 반하여, 중간-중간 또는 낮음-낮음 칸에 근접한 낮음-중간과 중간-낮음의 칸에는 좀 더 많은 학교 빈도가 있다. 다른 말로 하면, 높음과 중간 또는 낮음과 섞인 패턴은 매우 드문데, 중간과 낮음이 섞인 경우는 여러 학교들이 있다. 이렇게 몰려 있는 패턴 (clustered pattern)은 리더십 차원과 학습하는 문화 사이보다는 리더십 차원과 동료애 문화 사이에서 더욱 명확하고 뚜렷하다. 이러한 몰려있는 패턴은 학교 리더십이 학교 문화에 대하여 가지는 설명력을 강하게 지지한다. 높음-높음이 낮음-중간 또는 중간-낮음이 섞여 몰려있는 것보다 두드러진 것 (standing-out) 은 높은 리더십이 다른 요소를 무시하거나 압도하며 높은 학교 문화를 만들어 낼 수 있음을 보여준다.

표 A-1과 A-2가 보여주는 연구 결과가 학교 리더십과 학교 문화 사이에 정의 관계를 강하게 지지하지만, 인과 관계에 대한 보다 역동적이고 풍부한 연구는 본문 분석 (textual analysis) 을 요구한다. 리더십 차원과 학교 문화 간의 구체적 관계는 이어서 다루어진다.

① 비 전

모든 학교들은 학교 계획의 일환으로 일종의 비전, 임무헌장, 또는 일련의 목표와 목적을 가지고 있었다. 그러나 비전을 개발하고 이를 "이를 살아있는 문서 (a living document)"로 만드는 과정에 있어서는 학교들의 리더십간에 상당한 편차가 있었다. 다른 말로 하면, 비전을 개발하는 것은 많은 역동적인 활동과 행동을 필요로 하고, 그리고 리더들은 비전을 개발하는데 사용한 활동의 종류에 있어서 상당한 편차를 보여주었다. 높은 리더십을 가지고 있는 학교에서는 리더들에 의하여 비전을 개발하는 과정이 매우 역동적이고 비전 헌장을 공식적으로 작성하는 일을 넘어서지만, 비전 헌장이 이 단지 틀에 박힌 매년 학교 계획의 부분으로 작성되고 단순히 문서 작성 이상의 의미를 가지지 않는 많은 다른 학교에서는 같은 과정이 기껏해야 형식적이고 의례적이었다. 비전을 갖고 있는 형식성과 비전을 개발하는 실제 과정간의 괴리는 많은 학교에서 매우 심각하여 어떤 리더들은 비전을 가지고 있는지 조차 몰랐다. 비전과 목표가 일 년에 몇 번씩이나 개선되는 학교 사례도 있는 반면에, 어떤 학교에서는 몇 년 전에 개발된 비전 헌장이 이후 리더들이 전혀 관심을 가지 않았다. 비전 개발에서의 편차는 동료애 학교 문화와 학습하는 학교 문화의 편차와 분명히 관련이 있다. 높은 리더십을 가진 학교에서 비전을 개발하는 과정은 이해관계자들 간에 많은 지

원적인 상호 작용을 가지고 있었다. 비전을 개발하는 과정은 학교 지도
자들에게 다음과 같은 질문을 묻고 평가하도록 하였다: "우리는 어디로
가고 있는가? (where are we heading?)" "우리는 무엇을 하고 있는가?
(what are we doing?)" "우리는 어떻게 하고 있는가? (how are we
doing?)" 그리고 "우리는 왜 하고 있는가? (why are we doing?)" 자아
점검과 평가는 변화하려는 자발성만이 아니라, 정보와 자료를 끊임없이
수집하고, 분배하고, 그리고 이용하는 것을 필요로 했다.

비전을 개발하는 실제 과정은 중간 또는 낮은 단계의 리더십 학교에
서보다 높은 리더십 학교에서 훨씬 더 역동적이었고, 높은 리더십 학교
의 리더들은 많은 구체적 활동을 보여주었는데, 이중 일부는 기존 문헌
에서 다루어지지 않았다. 대부분의 비전은 학생의 성공과 관련이 있었
지만, 어떤 리더들은 비전의 전략적 초점을 개발하는 활동을 하였는데,
이는 학부모 참여, 지역 사회, 팀 개발, 또는 동료애와 같은 학교의 재
구조화 과정 또는 학교의 우선 해결을 요하는 이슈와 같은 통치와 관
련된 것이었다. 한 학교에서는 새로운 교장이 부임하였을 때, 교사들은
매우 분열되어 있었고, 각자의 교실에서 고립되어 있었다. 이리하여, 새
로운 교장은 처음 몇 년간은 비전 개발의 일환으로 교사들 간에 협동
과 신뢰를 쌓는데 초점을 두었다. 신뢰가 밑에부터 형성되어 퍼져나갔
다. 목표는 학교가 지역 사회의 학교가 되어 학부모, 교사, 그리고 지
역 사회 구성원들이 화기애애한 업무 그리고 인간관계를 개발하고, 지
역 사회의 학습자가 되었다. 다른 한 학교에서는 교장이 처음 부임하였
을 때, 교장은 "교장 내각 (principal's cabinet)"을 만들었는데 이는 집
단의 지혜가 개인의 지혜보다 뛰어나다는 교장의 믿음이었다. 이 여자
교장의 철학은 학교의 의사결정에 모든 사람을 참여시켜, 학교에는 오
직 승자만 있고 패자 (sabotagers) 는 없다는 것이다. 팀을 통한 참여의
유도가 학교 리더십의 비전이었다.

비전의 전략적 개발은 바로 동료애 적이고 학습하는 문화를 개발하

는데 초점을 두었는데 이러한 문하에서는 신뢰가 형성되고 사람들은 서로에게서 배웠다. 이러한 팀을 통한 참여에 대한 적극적인 강조와 비전과 목표를 개발하는 실제 과정은 상호 작용과 나눔, 그리고 상호 배우는 많은 기회를 제공하였다. 낮은 리더십 학교의 일부 리더들도 이러한 이수에 관여하였다. 그러나 이러한 학교에서는 이러한 문제는 학교의 비전으로 다루어지는 것이 아니라, 해결해야 하는 문제나 이슈로 취급되었다는 것이다. 교사 수권 또는 학부모 참여와 같은 통치 이슈와 관련된 비전을 넘어서려는 또는 이러한 비전을 교수법, 또는 교과과정 이슈와 같은 학생 학습에 관련한 비전으로 연결하는 노력에 있어 학교 리더십간에 편차가 컸다. 낮은 리더십 학교들의 대부분의 리더들은 학교의 정치에 휘말리고 교수법과 학습에 관심의 초점을 둘 수 없었지만, 비전 있는 학교 리더들의 대부분은 본인들의 기본적 역할을 잊지 않았다. 이러한 리더들은 통치와 교과 과정, 교수법 개혁 간의 연결을 만들어 갔다. 이러한 체계적인 재구조화 과정은 협력적이고 학습적인 과정을 요구하였다.

학교 리더들이 비전을 외부의 개혁 프로그램 (initiatives)과 맞추고, 그리고 이러한 개혁 프로그램을 학교의 목표와 일치시키는 정도는 학교 간에 편차가 있었다. 외부의 개혁 프로그램은 교육구와 주정부의 프로그램을 말하는데 이에는 핵심 학교 연합 (the Coalition of Essential Schools), 국가 연합 (the National Alliance), 세기 21 (Century 21), 효과적 학교 (Effective Schools), 그리고 켄터키 교육 개혁법(Kentucky Educational Reform Act (KERA)) 이 있다. 높은 비전 학교에 있는 리더들은 비전을 외부 프로그램과 연결하는데 상당한 노력을 기울였을 뿐만 아니라, 외부주도 개혁에 대하여 좀 더 긍정적인 태도를 가지고 있었다. 그러나 낮은 리더십 학교의 많은 리더들은 외부의 프로그램으로부터 비전을 개발하는 요구 조건에 대하여 부정적인 태도를 가지고 있었다. 이러한 리더들은 비전과 목표는 관료적이라 생각하고, 이러한 리더들의 대부분은 교육구의 비전과 목표를 받아들이는데 거부감을 보였다.

어떤 학교에서는 한명 또는 몇 명의 개인들이 비전을 개발하는데 관여하였지만, 대부분의 학교에서는 비전을 작성하고 개발하는데 팀을 활용하였다. 높은 리더십 학교의 대부분의 리더들은 비전과 목표를 개발하기 위하여 팀을 적극적으로 사용하였다. 한 학교는 전체 교원을 소규모 그룹으로 나누어 이 그룹들을 한 개 또는 몇 개의 구체적 목표를 중심으로 조직화하였다. 교사들은 이익의 분야에 따라 또는 보다 넓은 시야를 얻을 기회에 따라 어떤 그룹에서 일을 할까를 결정하였다. 이러한 소규모 그룹이 한 일은 그들이 어떤 변화를 만들기 원하는지를 결정하는 것이었다. 그런 다음 그룹들은 다시 모여, 각 그룹의 대표 보고자가 각 그룹이 제안한 변화 안에 대하여 보고를 하고, 그리고 나서 전체 교직원들은 이러한 변화 안들이 학교 효과성 계획안에 포함되어야 하는지를 논의하고 결정하였다. 또는 교원들은 결정을 미루기로 결정하고 시간을 가지고 그 이슈에 대하여 비공식적으로 서로 대화할 시간을 가지고 이후, 다시 교원회의에서 재검토를 하였다.

많은 학교들은 또한 학교 비전과 목표를 기획하고 논의하기 위하여 외부에서 교원 모임(a faculty retreat) 을 조직화하였다. 비전을 개발하는데 얼마나 많은 사람이 참여하고 그리고 얼마나 적극적으로 팀들이 사용되는지에 있어서 학교 간 차이가 있지만, 많은 차이는 교장들이 관여하는 정도에 있었다. 교장들은 비전 개발을 주도하는데 주요한 역할을 했으며, 이리하여 높은 수준의 동료애 문화와 학습하는 문화를 만들어 갔다. 어떤 학교들에서는 교장이 변화 주도자로 초빙되어 비전을 개발하고 학교의 목표를 명확히 하는데 도움을 주었다. 또한 많은 개인 리더들과 팀들이 강의, 교과 개발, 기술, 학제 간 기획과 학생 상담과 같은 분야의 교수법 개혁과 변화를 이끌고 학교를 위해 비전을 개발하였다. 이러한 리더십 행태는 효과적인 학교 문화에 기여하는데 도움이 되었다.

학교 리더들이 체계적으로 비전을 목표에 연결하고 이러한 목표를 달성하기 위한 다른 전략적 과정에 있어서 편차가 있었다. 높은 비전 학교의 리더들은 비전, 목표, 전략, 결과, 평가가 서로 연결되고 조화를 이루도록 하는데 많은 체계적인 노력을 한 반면에, 비전이 낮은 학교에서는 이러한 노력이 부족하였다. 비전이 낮은 많은 학교는 비전과 목표를 달성하기 위한 전략 계획조차 가지고 있지 않았다. 한 학교의 계획안은 목표에 대한 전체적이고 체계적인 과정, 목표를 달성하기 위한 전략들, 책임 분배, 비용, 그리고 평가 기술을 포함하고 있었다. 다른 학교에서는 "성공은 모든 학생을 위하여 (success for all students)"라는 일반적인 비전 헌장이 비트래킹제 (non-tracking) 와 Howard Gardner의 다중 지수 (multiple intelligence) 에 관심으로 연결되었다. 한 교장은 예산을 교과 과정 목표와 연결하여 컴퓨터와 기술에 12만 달러를 쓰기도 하였다. 다른 한 교장은 비전의 개발을 학교와 학생의 성과 결과에 연결하려 하였다. 이 새로운 교장은 학생 성적과 출석률에 관한 통계를 제시하고 수요 조사를 위한 방향을 정하여 교사들이 출석율과 학생 성적에 관심을 갖도록 하였으며, 그리고 학교를 위한 핵심 가치를 개발하도록 자극하였다. 또 다른 학교는 학생의 성적 카드 (a report card) 와 이의 평가 절차를 학교의 임무와 목표 한 장과 연결시키려 시도하였다. 많은 학교들은 자체의 학교 성과 보고 카드를 개발하여 무엇이 잘되어 있는지 아닌지를 보아가면서 계속하여 수정해 갔다. 이러한 활동은 교사들로 하여금 학교가 가지고 있는 목표들을 학생들이 어떻게 달성해 가는지에 관심을 갖게 하였다. 비전과 이의 보다 구체적인 목표와 전략을 연결하는 노력들로 인해 교사들은 상호 교류하게 되고 또한 전략 기획과 평가의 전 과정에 대하여 학습할 수 있게 되었다

② 몰입 (Commitment)

비전에 대한 몰입을 개발하는 것은 비전에 대한 신념을 현실화하였

다. 비전에 대한 몰입을 이끌어 내는 것이 학교 문화를 변화시키는데 있어 개발 리더십의 가장 중요한 측면의 하나라는 강한 증거가 있다. 비전을 잘 전달하고, 비전을 지지하는 학교 상징을 관리하고, 그리고 비전과 일치하는 행동을 보여주는 과정이 학교 문화를 상당한 정도로 변화시켰다. 이러한 리더십 활동이 부족하면 많은 학교의 문화가 냉소주의, 불신, 그리고 권력 투쟁으로 바뀌었다.

높은 몰입을 보여주는 학교의 리더들은 비전에 대하여 매우 명백한 태도를 취했고 모든 기회를 사용하여 이러한 비전을 전달하였다. 많은 이러한 리더들은 그 조직이 어떤 조직인가에 관하여 일련의 명백하고 단순한 신념을 다른 사람들이 이해하도록 의사전달을 잘 하였다. 이러한 학교의 신념과 가치들은 다음과 같은 모토에 의하여 전달되었다: "성공이 페어데일에서는 더 이상 비밀이 아니다 (success is no longer a secret at Fairdale)" "매일 매일을 최첨단 기술 방식으로 성공하자 (success each day the high tech way)" "최선을 기대하고, 성공을 만들고 (expecting the best, producing success)" "모든 학생에게 성공을 (success for all students)" 그리고 "학생 중심의 (student-centered)." 한 교사는 말하기를 "이 학생들은 모두 신의 아이들입니다…우리가 지금 교육을 변화시키지 못한다면, 우리 흑인 학생, 도심 아이들의 생존이 걱정됩니다." 한 학교에서는 학교 모토가 학교 출입구 입구의 환영 카펫과 게시판에서부터 커피 잔, 그리고 T-셔츠 까지 모든 곳에 쓰여 있었다. 학교의 구성원들은 항상 이것에 대하여 말하고, 모든 사람들이 그것을 기억했다. 리더가 아이 중심의 그리고 성공 지향적인 비전을 보여주고 이러한 비전과 기대를 효과적으로 전달했을 때, 학교는 서로 매우 돌봐주는 조직이 되어 사람들이 서로 자발적으로 도와주고 학생의 학습과 학교 발전을 위하여 에너지를 아끼지 않았다. 반면에 어떤 학교들은 비전 또는 목표 헌장을 선반 어딘가에 치워놓고 이에 대하여 이야기조차 하지 않았다. 몰입이 낮은 학교의 일부 리더들은 때로 비전에 대하여 명시적인 태도를 보여주긴 했으나, 대부분의 시간에는 이러한 비전을 구성원들에게 전달하는데 실패하였다.

비전을 지원하는 학교 문화를 개발하는 것은 많은 리더에게 도전적인 과정인데, 매우 강력하고 몰입되어 있는 리더들은 매우 효과적으로 현재의 학교 문화를 관리하였다. 한 학교는 교사의 자율성과 수권정신에 기초하여 설립되었는데 이 학교는 교사를 채용과정에서 학교의 비전에 일치하는 가치관을 가진 교사를 채용하였다. 학교에서 교사 초빙을 위한 인터뷰를 하기 전에 교사들이 학교의 철학 헌장, 조직 구조 설명서, 그리고 학교의 교과 과정이 들어 있는 정보 자료집을 미리 받아볼 수 있도록 하였다. 이러한 자료집은 교사 채용 스크리닝 도구로 사용되었다. 인터뷰에서 교사들에게 "당신은 교사 노조가 학교와 맺은 계약의 권리를 일부 포기할 수 있습니까?" 라는 질문을 물어보기도 한다. 이러한 인터뷰 과정을 통하여 교사들은 학교 위원회 참여에 대하여 기대가 많고, 때로는 업무 시간이 지나서 퇴근해야 하고, 노조 계약 조건에 기술된 것보다 자발적으로 더 많은 시간을 학교에서 보내야 한다는 것을 알게 된다. 이들은 초빙되면, 이 학교에 와서 무엇을 해야 하는지를 알고 있다. 이러한 채용 과정에서 학교의 가치와 일치하는 교사들을 선발하게 되어 기존의 학교 문화를 강화시킨다.

한 학교의 교장은 교육구의 일인 교장을 도와주는 일을 중단하였다. 이 교장의 생각으로는 이러한 일이 학교와 학생과의 시간을 너무 빼앗는다는 것이었다. 이러한 교장의 태도는 "학생이 항상 먼저 (students come first)"라는 가치관을 강하게 전달하였다. 다른 학교에서는 학교 운영위원회가 "교실 잠그기 (lock-out)" 정책을 시행할 것을 논의하였는데 이는 학생이 학교 수업에 지각하면 수업에 참가하지 못하게 하는 것이었다. 이학교의 교장은 "교실 잠그기" 정책이 도입되면 학생들은 수업을 빠지게 된다며 이러한 정책에 강하게 반대하였는데, 그리고 말하기를, "학교 운영위원회는 소가 집에 돌아올 때까지 이 문제를 논의할 수 있지만, 이 학교에서는 이러한 정책을 도입하지 않을 것이다."
특정한 정책의 효과성에 대한 논의는 차치하고라도, 교장의 행동은 "학
생이 항상 먼저"라는 비전에 대한 강한 몰입을 보여주었다. 한 교장은
교사들의 건강 복지에 대하여 매우 관심이 많았는데 이유는 어떤 교사
들이 지난 몇 년간 너무 열심히 일을 하여 자신들을 돌볼 수 없었기
때문이다. 이리하여 교장은 한 교사를 무조건 일주일에 며칠은 오후 4
시면 강제적으로 퇴근하고, 그리고 집에 학교 일을 가지고 가지 못하도
록 하였다. 지도자들이 자신의 사람들에 대하여 관심을 가질 때, 공동
체 정신이 생긴다.

　학교에서 대부분의 리더들은 교사들을 위하여 금전적 보상을 동원할
수 없지만, 많은 리더들은 "노란 카드 (yellow cards)" 같은 일종의 인
정 방법을 사용하였는데 이 노란 카드는 일종의 인증서로 예를 들면,
교사들이 교실의 게시판에 걸어 놓을 수 있는 것이었다. 그러나 보다
내재적인 보상 방법으로는 대학 교수의 자유에 해당하는 교육적 자유
를 추구하였다. 리더들은 지속적으로 학교 공동체 향상에 기여한 사람
들에게 보상을 제공하여 사람들 사이에 화기애애한 감정이 생기도록 하
였다.

　한 교장은 인터뷰에서 그녀의 "열린 문 정책 (open door policy)"에
대하여 언급하였는데, 이 정책은 교사들이 자기가 생각하고 있는 무엇
이던지 간에 교장과 논의를 원하면 약속 없이도 비공식적으로 교장실
에 들어 올 수 있다는 것이었다. 이 교장은 또한 말하기를 "때때로 나
스스로 밖의 여러 장소에 돌아 다녀 학부모들이 나를 만나기 쉽게 한
다." 는 것이다. 이러한 리더들의 중요한 사건에 대한 반응, 남을 돌봐
주는 행동, 그리고 보상을 제공하는 것은 공유된 비전과 가치에 기초한
것으로 이러한 리더들이 아이들, 사람들, 그리고 교육에 대하여 관심이
많다는 것을 강하게 전달하였다. 리더들의 이러한 메시지 전달로 인하
여 다른 사람들이 동료애적인 업무 관계에 몰입하게 하고, 그리고 재구

조화 노력에 수용적이 되도록 촉진 역할을 하였다.

어떤 리더들은 구성원의 모든 열망과 노력이 공통의 비전에 향하도록 하는 효과적인 문화를 만들어가지 못하였다. 몰입이 낮은 학교의 리더들은 특히 새로운 구성원들이 학교 문화를 자기 것으로 받아들이도록 하는데 성공하지 못하였다. 이러한 학교에서는 사람들은 각자의 이념에 빠져 파당으로 나뉘어져 있었다. 한 학교에서는 사람들이 초기에는 자율성과 수권이라는 공동의 설립 철학을 공유하였다. 이후 새로운 일부 리더들이 공유된 비전을 받아들이지 않고 자기 방식대로 해석하기 시작하였다. 이렇게 새로운 구성원들을 기존의 문화에 흡수시키지 못한 것이 이 학교가 분열 되도록 한 주요한 이유였다.

높은 몰입을 가진 학교와 낮은 몰입을 가진 학교를 구분시켜주는 또 다른 중요한 기준은 리더의 행동과 행태가 비전과 일치 하는가 이었다. 높은 몰입을 가진 리더들의 행태와 행동은 비전과 일치하였다. 이러한 리더들은 공유하고, 남의 말에 귀 기울이고, 대응적이고, 남들 앞에 보이고, 학생들과 가깝고, 그리고 다른 사람들을 대하는데 공정하였다. 수월하기 위해서는 추가적인 노력이 필요하다. 높은 몰입을 보여주는 리더들은 그들에게 기대되는 것 이상을 쏟아 붙는다. 이들은 학생들을 상담하고 도와주기 위하여 일찍 출근하고 늦게 퇴근하며, 학부모들을 만나고, 새로운 프로그램을 만들어 냈다. 그들에게 기대된 이상으로 기꺼이 일하였다. 어떤 교사들은 본인들의 여가 시간을 전부 학생들에게 쓰며, 주말에 학생들에게 전화하고, 교실에서 학생들을 가르치는 것 이상을 하였다. 리더들이 비전과 일치하는 추가적인 친 사회적 행태와 행동을 보여주었을 때, 신뢰가 만들어졌고, 공동체 의식이 사람들 간에 발전하였다.

많은 리더들이 자기들이 신봉하는 비전과 신념을 말하지만, 실제 행동은 비전과 말과 일치하지 않았다. 이러한 행태와 행동은 여러 가지 형태를 띠었다. 이러한 모순적인 행태와 행동들은 많은 정치적 행위,

개인적 이익 관련 추구, 그리고 독재적 그리고 비윤리적 행태로 몰입이 낮은 학교에서 매우 일반적이었다. 몰입이 낮은 학교 리더들의 가장 문제가 되는 행태의 하나는 리더들의 독재적인 행태인데 이는 SBM의 정신에 부합하지 않는다. 이러한 리더들은 토론만이 아니라 의제 설정을 주도하였고, 의견 개진 없이 의사 결정을 하였고, 그리고 학교 운영위원회의 결정을 뒤집곤 하였다. 한 교사는 교장의 리더십 행태에 대하여 불평을 하였는데, 교장은 새로운 아이디어를 제시하는 것에는 문제가 없었는데, 토론과정을 생략하고 "곧 바로 통과시켜 버린다 (just tried to ram it through)"는 것이었다. 회의 의제가 주로 교장에 의하여 정해졌다. 교장이 본인의 개인 의제를 해결하는 방식으로 단위학교 기획팀을 운영하려 하였기 때문에 학교장의 리더십을 둘러싸고 긴장이 맴돌았다. 한 학교에서는 많은 결정들이 비공식적으로 은밀하게 이루어지고 있었다 (behind the scenes). 이 학교에서는 학교운영위원회가 어떤 개인집에 모여 모든 불법적인 회의를 하여 투표를 하였다고 주장되기도 하였다. 또한 이 학교에는 교장의 정실주의 (favoritism) 가 있어 교장이 좋아하는 사람만 자원에 접근할 수 있다는 것이었다. 이 학교는 "크리스마스 트리 학교(a Christmas tree school)" 라 불리었는데 이유는 학교가 겉은 그럴싸하다 보였는데, 실제는 모두 쇼라는 것이었다. 다른 학교에서는 교장이 하루의 일과를 6시간으로 하고 의무가 없는 (a six period and no duty) 제도를 제안해놓고는 방학 후 교사들이 학교로 되돌아 왔을 때 6시간과 별도 의무제를 채택되었음을 발견하였다. 또 다른 학교의 한 교장은 예산에 대하여 매우 방어적이었는데 예산에 관한 정보를 공개하지 않고 자금의 출처와 사용처에 대하여 정직하지 않았다.

몰입 수준이 낮은 학교 리더 행태에 있어서 자주 등장하는 또 다른 문제는 학생과 교사에 대한 훈육이 요구될 때 이것이 지켜지지 않는다는 것이었다. 학교 행정이 학생을 다스리는데 너무 나약하고 교사들이 학생을 훈육할 때 교사를 충분히 도와주지 않았다. 교사들의 아이디어를 들으려고 하는 개방성이 없었다.

낮은 몰입을 가지고 있는 학교는 직접적이고 명확한 목표 의식을 가지고 있지 못하였다. 어떤 리더들은 기본 역할에 대하여 혼란스러워하였고, 학교의 주요 이해자인 학생과 교사와는 무언가 충분히 연결되어 있지 않았다. 행정 관리자는 교실을 방문하는 경우도 없고, 교사들과 대화도 없었다. 교장실에 자리를 지키지 않아 교사들이 필요할 때 만날 수가 없었는데 이러한 교장은 학교를 운영하기보다는 대외 활동에만 전념하느라 대부분의 시간을 외부에서 보내고 있었다. 한 학교에서는 교사들이 시간외 근무에 대하여 수당을 받기를 원했는데 교장은 "우리는 모두 자원 봉사자"라고 말하며 교사들의 의견을 무시했다. 리더가 학교 비전에 대하여 강한 몰입을 보여주고 행동이 그러한 비전과 일치할 때, 학교에 동료애적이고 학습하는 문화가 배양될 수 있었다. 학교의 비전에 대한 몰입 리더십이 부족을 보여주는 반대의 행동들은 효과적인 학교 문화를 만드는 대신에 오히려 신뢰적이고, 동료애적인 학교 문화와 학습하는 문화를 무너뜨렸다.

③ 팀 개발

팀제가 학교 행정과 업무 수행의 기본 단위가 되고, 효과적으로 팀이 이용되고, 팀 간 조정이 효과적으로 이루어지는 정도는 동료애와 학습하는 학교 문화를 만들어 가는 것과 관계가 있었다. 효과적인 문화를 가지고 있는 학교에서는 팀을 통하여 나눔, 지원, 협력, 신뢰, 그리고 공동체 의식이 개발되고 배양되었으며, 팀은 정보와 아이디어가 교환되고, 지속적인 평가가 수행되는 메커니즘이었다.

비전에도 형식성이 존재했듯이 학교의 공식적 행정 구조와 팀을 운용하는 실제 과정사이에는 괴리가 있었다. 다시 말하면, 학교의 공식적인 통치 구조에 팀이 존재하는 면에서는 학교 간에 차이가 없었으나, 실제적으로 팀을 운용하는 면에서는 학교 간에 편차가 많았다. 이러한 편차는 리더십이 높은 학교보다는 낮은 학교에서 심각하였다.

팀들이 기능할 수 있도록 시간을 제공해주지 않고 팀만 가지고 있는 것은 아무 의미가 없다. 팀을 위한 시간 할당에 있어서 학교 간에 편차가 많았다. 팀이 활동 할 수 있도록 시간을 만들어주는 것은 모든 학교에게 도전적으로 어려운 일이지만, 높은 리더십을 가지고 있는 학교의 리더들은 교사들이 강의 준비와 같은 연구 시간 (planning time)을 만드는데 강한 몰입을 보여주어 교사들에게 공유하고, 협력하고, 기획하고, 그리고 학습하는 기회를 제공하였다. 이러한 리더들은 여러 가지 다른 팀을 적극적으로 활용하여 많은 시간을 협동적으로 함께 일하게 하였다. 한 학교에서는 4-5명으로 구성된 5개의 팀이 활동하고 있었는데 하루에 "신성한" 시간으로 간주되는 45분간의 공통 연구 시간을 가졌고, 이러한 시간을 통하여 팀 리더들은 매주 만날 수 있었다. 이러한 학교들은 학교의 시간을 팀 활동에 몰입하기 위하여 많은 노력을 하였다. 높은 리더십을 가진 학교는 연구 시간이 학교의 공식적인 일정에 조직화 되어 있고, 교과 과정을 기획하고, 학교에서 무엇이 잘 돌아가고 있고 그러지 못한지를 평가하기 위하여 팀을 적극적으로 활용하는 반면에, 낮은 리더십을 가지고 있는 대부분의 학교는 아예 기획 연구 시간 제도를 가지고 있지 않거나 팀이 효과적 이기에는 너무 적은 시간을 팀을 위해 쓰고 있었다.

높은 리더십을 가지고 있는 학교에서는 낮은 문화를 가지고 있는 학교에 비하여 다음과 같은 전략적 그리고 운영의 결정에 있어서 보다 많은 광범위한 의사결정과 재량권한을 가지고 있었다. 이러한 권한과 활동에는 비전 개발, 장기 기획, 욕구 조사, 서베이, 교수법 및 교과 과정 기획, 교직원 개발, 학부모 참여, 팀 강의, 브레인스토밍, 팀 관리, 일정 관리, 교과서 선택, 자금 모집, 예산 배정, 인사 충원, 그리고 자금 지원서 작성을 포함한다. 일반적으로, 이러한 팀 활동의 많은 부분이 높은 리더십을 가진 학교에서 수행되었는데, 이중 팀 강의와 같은 어떤 활동은 높은 리더십 학교에서 조차도 매우 제한적이었다. 높은 리더십을 가지고 있는 학교와 낮은 리더십을 가지고 있는 학교 사이에는 팀 기획과 연구 활동에 있어서 편차가 컸다.

한 학교는 일반 사무직 직원들도 효과적으로 동원하였는데, 비서, 교장 비서, 그리고 회계 담당 직원까지 여름 워크숍과 교원 회의에 참석하여 학교의 비전을 만들고, 학교의 연례 목표를 개발하는데 의견을 투입하였다. 다른 한 학교에서는 팀은 새로운 아이디어가 자극되는 메커니즘으로 사용되었다. 모든 주요 팀들이 "일차 아이디어 공유 세션 (a primary idea sharing session)"을 갖기 위해 모여 아이디어를 공유하였다. 이 학교에서 강의 교수법 프로그램의 핵심적 변화는 팀 내에서 그리고 팀 간에 이루어지는 교사들의 상호 지원 활동의 양이었다. 교장은 각종 위원회 팀을 학교의 여러 다른 이해 관계자 그룹과 의사소통하는 장치이며, 아이디어의 출처로 인식하였다. 다른 세 번째 학교에서는 혁신적인 아이디어들이 재구조화 위원회 팀에서 나왔다. 또 다른 네 번째 학교에서는 학부모-교사 협의회 (Parent-Teacher Association) 회의가 교육적 이슈에 초점을 두어 학부모들이 학교 교육 과정에 효과적으로 참여할 수 있었다.

팀을 효과적으로 이용하고 관리는 강력한 리더십의 팀에 대한 몰입을 요구했다. 리더들은 팀에 대한 강한 신념을 가졌다. 이러한 팀들이 의사결정을 하게하고, 결정 사항은 존중하고, 일의 상황에 적극적으로 적응하고, 남의 말에 귀를 기울이는 것과 남에게 친절히 대하는 것을 배우고, 의견의 불일치를 어떻게 해결해 나갔는지를 그리고 이러한 과정을 통하여 어떤 좋은 일이 일어나는지를 볼 줄 안다. 낮은 리더십 학교의 교장들은 독재적이거나 매우 나약했다. 독재적인 리더들은 팀을 이용하고 관리하는데 비효과적이어, 주요 결정은 교장과 다른 몇 명에 의하여 이루어졌다. 교원 회의는 정보를 분배하기 위한 것이지, 토론이나 의사결정을 위한 것이 아니었다. 교사들이 원하는 만큼의 의사소통이 있지 않았다. 참여 또한 장려되지 않았다. 교직원들이 다양한 방법으로 무언가 달성하기 위하여 진정으로 상호 작용할 기회가 별로 없었다. 리더십은 약하고 우유부단하였다. 학교 운영위원회는 초기 단계부터 절차와 관계를 설정하는 일부터 막혀 그 이상의 진전이 없다. 합의와 의사결정 과정이 매우 느려 학교 운영위원회의 토론이 길어 사람들이 좌절하고 있었으며 학교 운영위원회는 많은 토론 이외에는 어떤 구체적 행동이 없다. 하나의 의제가 다른 회의에서 재탕되고 있었다. 학교 운영위원회는 이차적, 삼차적 이슈에 집착하고 있고, 교과 과정과 관련이 없는 이슈에 너무 많은 시간을 쓰고 있었다. 회의 시간은 너무 늦게 배정되어 있고, 회의록도 없이 회의가 진행되고, 또한 이러한 자료는 학부모에게 전달되지 않았다. 이러한 학교들에서는 팀은 그룹으로서 어떻게 함께 일을 해야 하는지에 대하여 어려움을 겪고 있었었다. 이러한 낮은 리더십 학교에서, 팀은 동료애 적이고 학습하는 학교 문화를 개발하기 위한 장치로 사용되지 못하고, 오히려 정책을 무조건 추인해주는 허수아비가 되었다.

높은 리더십 학교의 많은 리더들은 학부모들이 참여하기 편리한 시간에 학교운영위원회 회의를 조정하였지만, 낮은 리더십 학교의 많은 회의는 학부모들의 사정을 고려하여 준비되지 못했다. 학부모들은 회의에 관한 정보를 미리 통보받지 못하고 또한 자녀들 학교 시간을 조정할 시간이 없어, 학교 예산이 논의되고 결정되는 학교 운영위원회에 참석할 수가 없었다. 학부모들이 운영위원회에서 존중되지, 환영받지 못할 때, 화기애애하고 학습하는 문화가 배양되기 어렵다.

팀의 효과적인 이용만이 아니라, 효과적인 관리가 팀 개발에 있어서 중요한 일인 것으로 발견되었다. 학교 문화가 중간이거나 낮은 일부 학교에서도 팀을 개발하려는 많은 노력이 이루어졌다. 한 학교에서는 모든 교직원 회의는 "제록스 회사 모델 (xerox model)" 을 사용하여 수행되었다. 이 제록스 모델은 한 시간 회의 시간마다 15분의 휴식시간을 가졌다.

이러한 벤치마킹의 목적은 회의 시간을 1시간으로 제한하려는 것이었다. 중간 단계의 리더십을 가지고 있는 또 다른 학교는 팀을 효과적으로 관리하기 위하여 촉진자 (a facilitator)를 사용하였다. 회의 촉진자는 회의에서 모든 사람이 말할 수 있게 하였다. 다른 학교에서는 회의에서 사람들이 빙 둘러 앉도록 하였다. 이러한 좌석배치는 참여자들 간에 의사소통을 자극하기 위한 것이었다. 교장은 비교적 "꽉 짜인 (tight)" 회의를 운영하고 의사 결정 그룹이 정책 결정을 하는데 필요한 정보를 갖도록 하였다. 정보가 부족하면 그와 관련한 주제는 다음 회의로 미루어, 시간 낭비를 하지 않고 다음 주제를 다룰 수 있게 하였다. 한 낮은 리더십을 가지고 있는 학교는 팀 구성원들 간의 인간관계를 효과적으로 유지하는데 어려움을 가졌다. 이리하여, 이 특정 학교는 교사들로 하여금 성격테스트를 받아 이러한 테스트 결과를 가지고 성격이 서로 문제가 없는 사람끼리 팀을 구성하도록 하는 것을 고려하고 있었다.

여러 다른 팀들이 어떻게 잘 조정되는가에 있어서도 학교 간에 편차가 제법 컸다. 높은 리더십 학교들은 팀 간 조정을 위하여 많은 노력을 기울였다. 많은 학교들이 이러한 문제를 다루기 위해 섭외 또는 심지어 별도의 팀까지 만들었다. 실제로 한 학교는 상호간 관계가 잘 작동하지 못하는 학교 운영위원회, 학교 향상 기획 (School Improvement Planning) 팀, 학부모-교사 협의회 (Parent-Teacher Association) 간의 관계를 조정하기 위하여 소위원회를 구성하였다. 각 위원회로부터의 1명의 위원들이 같이 모여 의사소통의 문제를 다루었다. 이들은 의사소통이 어디에서 문제가 있으며 어디를 개선할 수 있는지를 논의하였다. 교장은 각 팀들이 파당 (cliques)이 되지 않도록 노력하였다. 또 다른 학교는 모든 학과목의 교과 과정을 통합하기 위하여 "교량 팀(a bridge team)" 을 만들었다. 그들은 이를 "팀흐름 (teamstreaming)"이라 불렀다. 어떤 학교들은 학교의 여러 가지 하위 팀의 한 위원이 학교 운영위원회의 위원이 되도록 하였다. 이러한 조직화는 학교운영위원회와 각 팀들 간의 연결 고리가 되었다. 한 고등학교는 학문 스케줄링 위원회 (an academic scheduling committee) 를 가지고 있는데 이는 교사들이 협동 연구 시간 (collaborative planning) 을 갖도록 시간을 조정하는 가능을 수행하였다.

낮은 문화를 가지고 있는 학교의 리더들은 여러 위원회의 다른 목적을 구분할 줄도 모르고, 또한 이해하지 못하고 있었다. 이들 학교에서는 팀 간의 의사소통이 강하지 않아 어떤 그룹들은 다른 그룹들이 무엇을 하고 있는지도 모르고 있었다. 어떤 그룹들은 또한 자신들의 이익만을 보호하려 하였다. 이러한 강한 분파주의는 화기애애하고 학습하는 학교 문화를 만들어 가는데 방해가 되었다.

④ 개인 개발 (Individuals)

개인을 개발하는 것은 SBM의 주요 목표의 하나였다. 리더가 다른 사람의 능력을 믿고, 책임을 위임하고, 그리고 다른 사람들을 향상시키기 위한 조치를 취하는 것이 높은 학교 문화를 만드는 핵심적 방법의 하나였다. 사람들이 어른으로서 대접받고, 존중될 때, 그리고 기술을 개발하고, 하고자 하는 것을 실현할 수 있을 때, 사람들은 다른 사람을 자발적으로 도와주고 새로운 아이디어와 변화에 더욱 수용적이 된다.

개인을 개발하는 것과 관련한 리더십의 태도, 행태, 그리고 활동에 있어서 학교들 간에 많은 편차가 있었다. 높은 리더십을 가지고 있는 학교의 리더들은 개인의 능력에 대하여 높은 기대와 신념을 보여주었다. 학교의 문화는 인간 잠재력에 대한 강한 신념을 가지고 있는 사람들에 의하여 만들어졌다. 이러한 학교에서, 리더들은 교사는 학교의 리더이고, 모든 학생들은 학습할 수 있고, 그리고 학부모들도 학교 공동체에 공헌할 수 있다고 믿었다. 그들은 또한 학교 성공은 지속적 성장과 발전에 몰입해 있는 환경에서 일하는 동기부여가 높고 능력이 있는 사람들에게서 나온다고 믿었다. 한 교사는 다른 사람들의 능력을 믿는 교장에 대하여 다음과 같이 말하였다. "사람들이 학교에 오면 교장은 그들에 나와 상의하라고 하는데 이는 내가 일을 잘하고 있다는 것을 의미한다. 내가 잘하고 있다는 것을 그가 (교장) 이 안다는 것은 나에게 중요한다." 다른 교장도 다른 사람에 대하여 높은 기대를 갖고 있었는데, 그는 한 교사가 본인이 위원으로 있는 지역 상공 회의소 사람들에게 기술 준비 (Technical Preparation)에 관한 발표를 하도록 하였다. 가장 훌륭한 한 교장은 교사에 대하여 뿐만 아니라 학부모에 대하여도 높은 기대를 가지고 있었다. 이 여자 교장은 기대하기를 학부모들이 학교 일에 참여하고 의사결정에 영향을 끼치려면 교직원과 같은 지식 지초를 가져야 하고 교장이 교직원들에게 주는 같은 글들을 읽어야 한다는 것이었다. 이 교장은 항상 행동을 통하여 이러한 신념을 보여주었는데, 이 교장은 한 학부모를 다른 교장과의 모임에도 참석하게 하여 단지 학부모 참여 대해서만이 아니라 교과과정에 대하여도 이야기를 할 수 있도록 하였다. 이 학부모는 말하기를 본인이 모임에 참석한 유일한 학부모라고 자랑스러워했다. 리더가 다른 구성원들에 대하여 관심을 가질 때, 다른 사람들의 자긍심과 사기는 높아지고 이는 차례로 업무 및 인간관계에 영향을 준다.

낮은 리더십 학교의 리더들은 다른 사람들에 대하여 대비적인 기대를 갖고 있었다. 특히, 낮은 사회 경제적 배경을 가지고 있는 학생을 다루고 있는 일부 리더들은 낮은 기대를 보여주었다. 그러나 높은 개인 개발 리더십을 가지고 있는 학교에서는 학생들의 배경은 같았지만, 이러한 리더는 발견되지 않았다. 학생들에 대하여 낮은 기대를 가지고 있는 학생들은 다음과 같은 태도를 가지고 있었다. "우리는 이전에 이런 것 이미 해봤다……" "학생들이 점점 둔해지고 있다……" "이 아이들은 바보라 대책이 없다." 이러한 리더들은 학생들에게 관심이 있는 것처럼 보이지 않았다. 학생들은 말 듣지 않은 귀찮은 존재로 묘사되었다. 몇 명의 교사는 다음과 같이 말하기도 하였다. "나는 이 학생들을 낙오자

(rejects) 라 부르기 싫으나, 그것이 현실이다." 어떤 교사들은 학부모의 참여에 대하여도 냉소적 태도를 가지고 있었는데 말하기를 학부모들이 교사들의 전문 직업적 일에 방해가 되고 있다는 것이다. 한 교사는 말하기를 "그들은 (학부모) 은 이렇게 큰 학교에서 교사가 된다는 것이 무엇을 의미하는지 아무것도 모른다. 나는 정말 다음 학기를 위한 강의 계획에 대하여 말 할 때 학부모들이 위원회에 앉아 내말을 듣는 것이 싫다. 그들은 강의에 대하여 아무것도 모르고, 우리가 5, 6년간의 시간을 들여 학위를 받고 이 많은 시간을 들여 공부했는데 학부모가 와서 강의에 대하여 이러쿵저러쿵 하는 것은 정말 믿을 수 없다." 리더들이 자신이 가르치는 학생들에 대하여 믿음이 없고, 학교일에 대하여 학부모의 참여에 대하여 냉소적일 때, 학교에서 긍정적인 문화가 발전되기가 어렵다.

높은 리더십 학교의 리더들은 상당한 정도로 다른 사람들에게 권한을 위임하였다. 이러한 리더들은 의사결정 권한을 팀이나 개인들에게 이양하고, 그들이 학습하고 성장할 기회를 갖게 함으로써 그들이 학교에서 중요한 사람이라고 느끼게 하였다.

다른 사람에게 책임을 위임하는 것 또한 높은 학교 문화를 개발하는데 기여하였다. 한 교장은 교직원 능력 개발과 관련하여 위에서 아래로 흘러 영향을 주는 방법 (a trickle down approach) 이 아니라 하부 주도적 방법 (a bubble up approach) 을 강하게 믿었다. 교장들의 이러한 활동은 교장의 권한을 위임하고, 교사들이 다른 리더십 분야에 참여할 기회를 제공함으로써 교사들의 리더십을 확대하였다. 반대되는 행태들은 낮은 리더십을 가지고 있는 학교에서 흔하게 볼 수 있었다. 낮은 리더십 학교의 리더들은 책임을 위임하는데 어려움을 겪었다. 이러한 학교에서는 대부분의 의사결정은 교장 혼자나 몇 명의 선택된 교직원들에 의하여 이루어졌다. 이러한 학교는 "내가 결정 할 테니 당신은 따르라" 는 태도를 가지고 있었다.

학교 리더들이 이해 관계자들의 기술과 능력을 개발하는데 쏟은 노력의 정도는 학교 간 같지 않았다. 전반적으로, 높은 리더십 학교의 리더들은 다른 사람들의 기술과 지식을 개발하는데 적극적일뿐만 아니라, 학교, 교육구, 외부의 프로그램, 그리고 기업 조직에서 이용 가능한 훈련과 개발 기회를 잘 활용하였다. 그러나 높은 리더십 학교의 일부 리더들조차도 참여, 집단 역학, 그리고 정치기술과 같은 SBM 관련해서 필요한 적절한 훈련을 받지 못했다. 연구 사례의 대부분의 학교에서, 강의나 교수법과 관련 기술과 같은 내용 기술에 치중했지, SBM 운영 관련과 같은 기능적 기술 (functional skills) 을 개발하려는 노력은 적었다.

몇 가지 분야에서는 학교 이해관계자들의 기술과 지식을 개발하는데 있어 학교 간 편차가 적었는데 이에는 팀 강의, 동료 강의 참관, 그리고 타 학교 방문이었다. 어떤 학교 리더들은 팀 강의를 도입하고, 동료 교사 강의 참관을 위한 일정을 만들고, 다른 학교로부터 배우려고 노력하였지만, 대부분의 학교는 그러하지 못하였다.

특별히 주목을 요하는 이슈가 있는데 이는 학부모와 학생의 기술을 개발하는 것이었다. 학부모와 학생의 기술을 개발하려는 보다 많은 노력이 낮은 리더십 학교보다는 높은 리더십 학교에서 있었지만, 전반적으로 대부분의 학교에서, 학부모와 학생들은 교사들에 비하여 많은 훈련과 교육을 받지 못하였다.

다른 사람들의 기술과 지식을 개발하도록 도와주기 위한 다음과 같은 활동들이 학교 문화에 영향을 주었다. 읽고, 학회에 참가하고, 그리고 동료 교사의 코칭에 의해 기술을 개발하기 위하여 쏟은 많은 노력으로 인하여 화기애애하고 학습하는 학교문화가 개발되었다. 많은 리더들은 직업 능력 개발과 관련한 많은 정보를 다른 사람들에게 알려주었으며, 학회와 워크숍에 참석하도록 장려하였다. 이러한 리더십은 다른 교사들의 우편함에 자료를 넣어주어 그들이 새로운 것을 시도해 보도록 하였다. 한 교장은 다음 내용의 모트와 함께 한 교사의 우편함에

자료를 넣어주었다. "이것을 읽어보시고 저와 만나시죠." 이 교장은 교
직원들이 학교를 경영하는데 참여하도록 장려하였고, 또한 그들의 지식
을 키우고, 그리고 일을 다른 방식으로 해보도록 정려하였다. 이학교의
모든 교사들은 외부 워크숍을 통하여 문제 해결과 참여 기술에 관하여
많은 훈련을 받았고, 어떤 교사들과 위원회 위원들은 쥔스 아카데미
(the Gheens Academy), 루이스빌 대학 (the University of Louisville),
연합 세션 (Coalition sessions) 으로부터 일반적인 강의 관련 내용, 그
리고 교육구 직원과 일선 학교 행정가들로부터 총체 품질관리 원칙에
기초한 관리과 리더십 기술, 그리고 예산, 스케줄링, 그리고 인사 관련
기술 같은 기능적 기술에 대한 교육 훈련을 받았다. 높은 리더십 학교
의 한 교장은 SBM을 도입한 직후 SBM 에 대한 교육훈련 필요성을
제기하였다. 이 교장은 우리는 한발자국 뒤로 물러서서 필요한 교육을
받아야 한다고 말하였다. 한 교장은 손수 학생 시험 성적과 학교의 다
른 통계 자료를 분석 능력을 향상시키기 위해 통계 분석 과목을 수강
하였다. 많은 리더들이 강의와 내용 지식을 위해 교직원 능력개발일
(staff development days) 을 적극적으로 활용하였다. 그들은 또한 전문
자문가 들을 초빙하여 훈육, 교과 과정과 개발에 관련 교육을 받았다.
많은 교사들이 교육구가 허락하는 시간을 활용하여 엄청 많은 시간을
워크숍에 참석하는데 보냈으며 다른 교사들은 주말이나 밤 시간을 활
용하였다. 어떤 교사들은 다른 학교를 방문하거나 네트워킹을 통하여
다른 학교로부터 배우려고 하였다. 이러한 교사들은 자기 하교로 되돌
아와 다른 교사들과 교육 정보를 공유하였다. 모임을 통하여 다른 학교
교사들과 많은 상호 교유와 만남이 많았는데, 이러한 기회를 통하여 그
들은 서로 무엇을 하고 있는지, 강의 방법과 조직 기술과 관련하여 발
견한 것에 관하여 서로 이야기를 할 수 있었다.

　낮은 리더십 학교에서는 교육 훈련 계회에 대한 정보가 잘 공유되지
않았다. 이러한 학교에서는 교육 훈련 프로그램이 제공되지 않았으며,

있다면, 단지 공식적 요구에 맞추는 것이었으며, 사람들 간에 상호 교류와 획득한 기술을 공유하는 것이 적었다. 많은 학교에서 SBM과 같은 새로운 통치 제도와 새로운 혁신에 대한 교육 훈련이 부족하였다. 낮은 리더십을 갖은 한 학교에서는 SBM에 대한 교육은 단지 관리자만을 위해 운영되었다. 관리자에게 있어서, 교사들은 우선순위에서 가장 뒤였다. 많은 새로이 구성된 팀들은 그들의 운영을 위한 적당한 교육 훈련을 받지 못하였다. 새 교사와 전학 온 교사들도 적당한 교육을 받지 못하였다. 리더들이 다른 사람의 기술과 지식을 개발하는데 몰입하여 있을 때, 이러한 몰입하는 태도 자체가 학교 문화 변화에 상당히 영향을 주었다. 기술과 지식을 개발하는 과정 또한 다른 사람들이 상호 작용하고 학습하는 많은 기회를 제공하였다. 사람들이 적당한 교육을 받지 모하였을 때, 이것 자체가 교사들은 학교 변화 과정에서 중요하지 않다는 메시지를 전달하였고, 그리고 이러한 부정적인 신호는 효과적인 학교 문화의 개발에 장애가 되었다.

높은 리더십 학교의 리더들은 다른 사람들을 위하여 적극적인 스승 역할 (an active mentoring role) 을 수행하였다. 이러한 리더들은 다른 사람들이 사물을 다르게 보도록 그리고 성장하도록 도와주었다. 이러한 학교에서는 교수법과 강의 혁신에 관한 충분한 양의 코칭 활동이 있었다. 낮은 리더십 학교에서는 이러한 활동이 적었다. 다른 사람들을 위한 적극적인 멘토링의 역할은 학교 문화를 긍정적으로 변화시켰다. 이러한 리더십 활동은 사람들 간에 정보의 교환과 공유로 이어졌고, 매우 친밀한 업무 관계와 신뢰를 개발하였다. 낮은 리더십 학교에서는 코칭과 멘토링 활동이 적었다.

⑤ 기회 개발 (Opportunities)

개발리더십의 기회 개발 차원은 리더가 학교 구성원들이 효과적으로 기능하는데 필요한 촉진 요소 (enabling conditions) 인 기회 조건들을 어느 정도 개발하였는지를 검토하였다. 기회 조건들의 구체적 측면에는 자원의 효과적인 획득, 이용, 그리고 조정, 안정적인 학교 환경, 호의적인 학교의 조직 구조, 교육구로부터의 재량권과 자율성, 그리고 지역사회와의 효과적인 관계 개발이 있다. 구체적 하부 차원 간의 편차는 적었다. 리더들에 의한 기회의 개발은 다른 사람들이 효과적으로 기능하도록 호의적인 업무 환경을 제공했을 뿐만 아니라 사람들이 서로 돌보아주고, 함께 일하고, 그리고 변화와 새로운 아이디어에 개방적인 학교 문화를 만들었다.

학교 구성원들이 업무를 수행하는데 필요한 자원을 개발을 어느 정도 하느냐에 학교에 따라서 어느 정도의 편차가 있었다. 높은 리더십을 가진 학교의 리더들은 교육구, 기업, 재단, 대학교, 개혁 프로그램 (예를 들면, Century 21, National Alliance), 학부모, 그리고 다른 지역 사회 관계자로부터 적극적으로 자금과 다른 자원을 획득하려고 노력하였다. 많은 리더들이 자금 제안서 작성에 많은 노력을 쏟아 부었으며 때때로 많은 기업가 정신을 보여주었다. 한 학교는 주정부와 연방 정부로부터 추가적인 자금을 신청하였으며, 이 자금 기회는 교과과정 가이드를 개발하게 하였으며, 결과적으로 이 학교가 SBDM을 최초로 도입하는 SBM 분야에서 개척자가 되게 하였다. 또 다른 학교는 주정부 교육부 (the State Department of Education) 로부터 추가적인 자금을 얻기 위해 제안서를 제출하는 과정의 일환으로 학교의 비전을 구체화한 학교 청사진을 개발하였다. 한 교장은 교육구 담당자가 학교에 와서 학생들의 성적 결과를 설명해주도록 요청하였다. 다른 교육구 관리자가 또한 초청되어 KERA (Kentucky Educational Result Act) 의 다른 측면에 대하여, 예를 들면, SBDM (School-Based Decision Making)으로의 이동이 학교의 권한과 단위학교 운영위원회의 운영과 관련하여 어떤 의미가 있는지를 논의해달라고 요청받았다.

보다 많은 자원을 제공한다는 것은 보다 많은 연구 기획 시간, 내부 훈련, 학습 기회, 혁신, 그리고 프로그램과 같은 일들이 학교에서 일어날 수 있음을 의미했고, 이러한 조건들이 화기애애하고 학습하는 문화를 개발하였다. 이러한 기회들은 다른 사람들을 함께 일하도록 하였으며 또한 학습할 기회를 제공하였다.

자원의 양이 중요하지 않은 것이 아니지만, 더욱 중요한 것은 다른 사람들에게 자원을 제공함으로써 리더가 제공하는 메시지였다. 이는 리더가 다른 사람들과 아이들의 교육에 대하여 관심을 가지고 있었다는 메시지였다. 리더십이 낮은 한 학교에서는 교장이 학부모들로부터 적극적으로 자금을 모금하였지만, 학부모들의 반응은 교장이 단지 자기들을 이용할 뿐이라는 것이었다. 이 교장은 학부모들을 학교로부터 소외되도록 하였으며 학교에서 냉소의 근원이 되었다. 이러한 리더십은 학교의 문화에 해가 되었다. 낮은 리더십 학교의 많은 다른 리더들은 다른 사람들이 필요로 하는 적절한 자원을 제공하지 못했을 뿐만 아니라 자원 분배에 있어 공정하지 못하고 일부 사람들을 편애하였다. 낮은 리더십 학교의 리더들은 희소한 자원에 대하여 경쟁하느라 어려움을 겪었다.

시간이 가장 희소한 자원의 하나라는 사실을 고려하면 연구 기획 시간을 마련해 주는 것은 대부분의 리더들에게는 도전적인 일이었으며 대부분의 교사들은 SBM에 의하여 야기된 증가된 업무량에 관심이 있었다. 높은 리더십을 가지고 있는 학교의 리더들은 교사들을 위하여 연구 기획 시간을 찾아 제공하였으나 낮은 리더십 학교의 행정가들은 이에 대한 동정심이나 이러한 시간을 마련하려는 노력이 별로 없었다. 높은 리더십 학교는 또한 교사들이 보다 많은 연구 기획 시간을 가질 수 있도록 교사 보조나 대체 교사를 제공하였다. 시간은 학교 구성원들에게 매우 중요한 요소로 이들이 만나 함께 일하고 배울 수 있게 하여주었다. 이러한 교사들이 함께 하는 연구 기획 시간이 없는 많은 학교에서는 교사들은 고립되고 다른 사람들과 공유할 수 없었다. 대화가 가능하도록 시간을 허락하고, 제공하고, 상호 교류가 일어나도록, 그리고 전체 교직원이 다른 교사들을 만날 수 있게 하는 것은 동료애적인 문화를 가능하게 하는 기초를 만드는데 핵심적이다. 대화가 변화를 가져오고 관계를 개발해준다.

전반적으로, 높은 리더십 학교들이 낮은 리더십 학교들보다 자원의 조정과 이용을 더 효과적으로 하였다. 이러한 활동은 많은 프로그램이 동시에 진행되고 있었고, 교육구로부터 그렇게 하는 것에 대한 강한 인센티브가 있지 많기 때문에 대부분의 학교에게는 도전적인 일이었다. 한 학교는 "신성하게" 여겨진 공통의 연구 기획 시간을 매일 마련하기 위해 그리고 동시에 모든 학생들이 원하는 시간에 도서관을 이용할 수 있도록 신축적인 도서관 스케줄을 만들기 위하여 체육교사의 시간을 5일로 늘렸으며, 그리고 월요일은 강의실에서 강의하도록 새로운 상담사를 고용했다. 낮은 문화를 가지고 있는 학교에서는 학교가 무엇에 초점을 두어야 하는가의 문제에 직면하였을 때 개인 프로젝트를 잃어버리지 않나 걱정하였다.

리더들이 안전하고 안정적인 학교 환경을 조성하는데도 학교 간 커다란 차이가 있었다. 높은 리더십 학교들은 안전하고 질서 있고, 그리고 안정적인 학교 환경을 만들었다. 학생 훈육 지도의 문제가 있었을 때 리더들은 즉각적인 행동을 취했다. 기회 개발이 낮은 학교의 리더들은 이와는 반대되는 행동을 보여주었다. 이러한 리더들은 교사의 학생 지도를 도와주지 않았다. 학교는 훈육, 인종 갈등, 그리고 안전 문제 등 많은 문제를 가지고 있는데 이러한 문제들이 다루어지고 해결되기 보다는 방치되었다. 한 학교에서는 학생이 교사에게 저속한 언어를 구사하였는데도 관리자들은 아무 행동도 취하지 않았다. 이러한 리더의 무관심과 방치는 이러한 학교에서 많은 냉소주의, 불만, 그리고 불신을 야기했다. 불신과 냉소주의가 규범인 학교에서는 동료애 적이고 학습하는 문화가 만들어질 수 없었다.

높은 리더십 학교의 지도자들은 학교 구성원의 업적을 향상시키기 위

4. 연구 발견 137

하여 호의적인 학교 조직 제도 (conducive organizational arrangements) 를 개발한 반면에, 많은 낮은 리더십 학교들은 구성원 성취에 장애가 되는 제도를 가지고 있었다. 이러한 학교의 제도로는 교사와 학부모에게 편리한 회의 시간, 기획 연구 시간, 물리적 공간과 설계, 새로운 교사를 위한 지원제도, 그리고 출석 정책을 포함한다. 이러한 학교의 제도와 정책이 낮은 리더십 학교에서는 취약하였다. 어떤 학교에서는 학교의 물리적 공간과 시설이 교사들 간 상호 교류와 의사소통에 장애가 되어 교사들이 각자 고립되었다. 이러한 환경은 학교에서의 화기애애한 동료애가 개발되는데 장애가 되었다. 많은 낮은 리더십을 가지고 있는 학교에서 교사의 성취에 장애가 되었던 사례들이 많다. 이런 학교에서는 기획 연구 시간이 없었고 학교 일정이 교사들이 함께 강의 하는 것을 금지하기도 하였고 교원회의가 방과 후에 마련되어 교사들이 집중할 수 없었고, 그리고 출/ 결석 정책이 없었다. 또한 새로운 교사가 학교에서 적응하도록 도와주는 새로운 교사와 원로 멘토 교사를 연결해주는 공식적인 제도를 가지고 있지 않았다. 이러한 비효과적인 조직 제도와 정책으로 인해 동료애 적이고 학습하는 학교 문화가 배양되기가 어려웠다.

   교육구와 관계 관리와 학교의 재량권과 자율권을 늘리기 위한 리더들의 행태에 있어서 학교 간에 많은 차이가 있지는 않았다. 활동의 종류들이 제한되어 있었다. 어떤 학교들은 교육구에서 자금 전용에 관하여 면제를 받아 대규모의 기술 투자를 하거나 대안적 교과과정을 개발하기도 하였다. 학교들이 지역 사회와 효과적인 관계를 개발하는데 있어서도 학교 간에 차이가 별로 없었다. 이 이슈는 많은 학교들에게 있어서 매우 중요한 관심 사항이며 또한 대부분의 학교에게 매우 골치 아픈 문제 중 하나였다. 높은 리더십 학교조차도 학부모와 지역사회와의 효과적인 관계를 개발하는데 있어 어려움을 가지고 있었다. 대체적으로 높은 리더십 학교의 리더들은 학부모와 지역사회와의 관계를 개발하기 위하여 여러 활동에 관여 하였다. 한 학교의 리더들은 전문 직업적인 백인계 교사

(professional Anglo staff members)와 히스패닉 학부모 (Hispanic parents) 사이에 교육 수준이 큰 차이가 있다는 것을 알고, 이러한 차이를 줄이기 위하여 학부모 수권 프로그램 (이중 언어 부모들이 학교를 어떻게 대하야 하는지에 대한 교육 프로그램) 을 경험한 히스패닉 지역사회의 사람을 학교에 많이 참가 시키려 하였다. 이러한 리더들은 다양한 형태의 정보를 학부모와 지역 사회에 제공했다. 전화, 뉴스레터, 회의와 파티들이 의사소통 수단으로 활용되었다. 어떤 학교들은 지역 사회 대표들을 의사 결정에만이 아니라 교과 과정 개발에도 참여시켰다.

지역사회와 효과적인 관계를 개발하기 위한 조직의 노력이 많이 있기는 하지만, 많은 개인 리더들이 지역사회 조직과 네트워킹을 맺는데 광범위하게 활동하고 있었으며, 그리고 어떤 리더들은 지역사회에서 학교를 위하여 활동가 역할을 하였다. 한 교장은 지역 상공회의소 위원이며 전국 도시 키와니스 클럽 (National City's Kiwanis Club) 의 회장이기도 한데 지역 사회와 매우 긴밀한 관계를 발전시켜 기업 사회의 리더를 학교의 초대 스피커로 초청하였으며, 학교에 인턴십과 아르바이트 직업 기회가 넘쳐났다. 이 교장은 지역 사회에서 유명하여 레드북 (Redbook), 교육주간 (Education Week), 그리고 기술 준비 프로그램 (Technical Preparation program) 에 관한 주정부 학회에서도 많은 주목을 받았다. 리더들이 지역 사회와 적극적인 네트워킹을 갖는 것은 학교에 보다 많은 자원을 학교에 끌어들였을 뿐만 아니라, 학교에 지역 공동체 의식을 또한 개발하는데 도움을 주었다.

낮은 그리고 중간단계의 리더십 학교의 어떤 리더들도 학부모와 지역사회와의 비효과적인 관계를 개선하는데 노력을 아낀 것은 아니었다. 한 학교는 공공 관계 전임직을 만들었다. 이 직위는 지역사회에 이학교의 나쁜 평판과 이웃 가톨릭 학교에 대한 편애 문제를 해결하기 위하여 만들어졌다. 이 학교는 지역사회 공공 관계 프로그램을 위한 4가지 임무를 제시하였는데 이는 다음과 같다. 첫째, 학교에 대한 긍정적인 정보를 지역사회에 제공한다. 둘째, 학교 내에 좋은 공동체 분위기를 만든다. 셋째, 학부모간의 섭외 역할을 담당한다. 그리고 넷째는 지역 사회에서 학교의 평판을 좋게 만든다. 지역사회 관계를 향상시키기 위한 모든 행동들이 효과적이고 문제가 없는 것은 아니었다. 한 학교는 지역 사회가 보수적이어 많은 학생들을 전통적 학교에 보내고 있었는데 이러한 지역 사회의 요구에 부응하기 위해 기초 학습을 중시하는 전통학교로 전환하기로 결정하였다. 이러한 결정은 어떤 교사들의 많은 저항에 부딪혔는데, 이러한 교사들은 진보적인 총체적 언어 교수법과 현장 학습을 선호했는데, 학교 내에서 심각한 갈등을 야기하였다.

학부모와 지역 사회와의 관계에서 의사소통과 노력의 양이 중요하긴 하지만, 학교 문화에 영향을 주는 중요한 요소는 학교 리더들이 학부모 참여에 대하여 진정한 관심이 있는지 (a commitment to parent partici-pation), 그리고 학부모를 존중하는 가였다. 다른 활동과 행동들은 단지 이러한 신념을 반영할 뿐이었다. 낮은 리더십 학교의 어떤 리더들은 학교 운영위원회 회의 시간을 낮 시간에 마련하여 학부모들이 회의에 참석할 수 없었다. 이러한 방식의 준비에 대해 학부모들은 학교 리더들이 학부모의 참여에 관심이 없다고 인식하였다. 이러한 비효과적인 리더들의 행동은 교사와 학부모간의 화기애애한 관계에 손상을 주었다. 대비적으로 다른 학교의 리더들은 교사와 학부모에게 편리한 시간에 회의 시간을 마련하였다. 한 교장은 학부모의 요청에 따라 야간에 하는 회의를 늘리기도 하였다.

(2) 다른 기저에 흐르는 주제와 패턴

자료의 분석과 계속적인 비교 검토를 통하여 교차표에 나타난 패턴을 확인하였고 또한 다른 재미있는 주제와 패턴을 발견하였다. 표에서 높은-높은 그룹의 학교와 중간-낮음이 혼합되어 있는 그룹의 학교를 구분 짓는 핵심적인 요소는 교장의 역할, 교장의 비전에 대한 강한 신념, 그리고 이러한 비전과 행동의 일치였다. 높은 문화를 가지고 있는 모든 학교들은 비전에 대하여 강한 몰입을 하고 있는 "강한" 교장을 가지고 있는 반면에, 낮은 문화를 가지고 있는 모든 학교는 "약한" 리더십 교장을 가지고 있었다. 낮은-중간 등급이 혼합되어있는 학교는 다소 복잡한 패턴을 보여주었다. 낮은-중간 등급의 학교에서는 리더십은 "낮고" 또는 "독재적" 그리고 기존의 문화는 강하였다. 이에 반하여 중간-낮은 등급의 학교에서는 학교들은 "강한" 그러나 "독재적" 교장 리더십 그리고, 또는 약한 기존의 학교 문화를 가지고 있었다.

이미 언급하였듯이, 교장이 발전 리더십을 구성하고 그리고 학교 문화를 변화시키는데 있어 다소 중요한 요인이었다. 아직까지, 교장 리더십은 모든 학교의 재구조화 과정에서 지배적인 요인이었다. 많은 학교에서 이전의 교장의 유산이 긍정적이거나부정적인 방식으로 남아있었다. 또한 많은 사례에서 새로운 교장은 이전 교장의 긍정적인 유산을 물려받아 재구조화 과정을 가속화시켰거나 또는 방향을 잘못 틀어 학교를 비효과성의 소용돌이 (the spiral of ineffectiveness) 로 몰아갔다. 어떤 경우에는 새 교장은 혼란스러운 상황에 평화 건설자, 비전을 제시하는 자, 그리고 개혁가가 되었다. 높은 발전 리더십 학교에서의 교장의 지배적인 존재와 영향력이 다른 사람의 발전 리더십을 부정하는 것은 아니었다. 그 반대가 사실이었다. 많은 다른 사람들이 다른 여러 분야에서 탁월한 노력을 하였는데 이러한 분야로는 기술, 강의 및 교과과정 개발, 조직 설계, 수요 평가, 동료 교사 지도, 도서관 관리, 회의 관리, 자금 제안서 작성, 학부모 지원, 다른 조직과의 네트워킹, 그리고 어려운 학생 도움이었다. 개발 리더십이 중간 단계인 모든 학교에서는 교감 또는 코오디네이터, 위원회 위원장, 전공과목 위원장, 그리고 다른 교사와 같은 다른 관리자들이 비효과적인 교장의 역할을 보완하였다.

개발 리더십이 낮은 학교에서는 교장 외에도 다른 교사들도 높은 수준의 리더십 행태를 보여주지는 못했다. 어떤 교사들은 정치와 통치 이슈에 집착하였고, 이러한 행태들이 생산적이지 못했지만, 많은 다른 교사들은 혁신과 강의 관련 많은 노력을 아끼지 않았다.

학자들이 아닌 실무 행정가와 일반인들이 교장을 묘사하며 사용하는 언어에는 재미있는 패턴이 있었다. 여러 형용사와 명사가 학교의 리더십을 기술하는데 사용되었는데 이에는 강한 (strong), 비전 있는 (visionary), 지지적인(supportive), 좋은 (good), 훌륭한 (great), 도움을 주는 (helpful), 협력적인 (cooperative), 훌륭한 (terrific), 강의 (instructional) 리더, 리더 (a leader), 관리자 (a manager), 리더의 리더 (a leader of leaders), 촉진자 (facilitator), 동기 부여자 (motivator), 그리고 행정가 (administrator)가 있다. 이러한 모든 표현들은 리더십의 다른 측면과 미묘한 의미 (nuances)를 나타내고, 그리고 어떤 것은 다른 표현보다 긍정적이거나 강하다. 비전 있는, 도덕적, 변혁적, 카리스마틱, 공유하는, 상징적, 그리고 문화와 같은 현재 학계에서 유행하는 표현들은 적게 사용되거나 전혀 사용되지 않았다. 보다 부정적인 리더십 표현들로는 약한 (weak), 우유부단한 (indecisive), 방향이 없는 (lacking direction), 지지하지 않는 (not backing up), 훈육이 없는 (no disciplining), 보이지 않는 (not visible), 후속행동이 없는 (no follow through), 언행이 불일치하는 (mismatch words and actions), 위원회 결정을 무시하는 (undermining council decisions), 그리고 너무 정치적인 (lots of politicking) 이 있다.

이러한 일련의 표현들을 분류할 수 있는 표현으로 학교 리더십을 기술하는데 가장 자주 사용된 표현을 생각 할 수 있다. 이는 "강한"과 "약한" 이라는 표현으로 "강한"이라는 표현은 높은 개발 리더십 학교에서 가장 자주 발견되었고, 그리고 중간 개발 리더십 학교에서는 덜 자주 발견되었다. 이에 반하여, "약한" 이라는 표현은 낮은 개발 리더십 학교에서 가장 자주 언급되었다. 낮은 리더십 학교에서 자주 발견되는 또 다른 표현이 있는데 이는 "독재적(autocratic or dictatorial)" 이었다. 그러나 "독재적"이라는 표현이 중간 단계의 개발 리더십 학교에서 사용될 때는 동시에 "강한(strong)"이라는 표현이 같은 리더십을 기술하는데 자주 사용되었다. 이리하여 "강한 그러나 독재적" 리더는 중간 리더십 학교에서 가장 자주 발견되었다.

학교문화에 영향을 준 개발 리더십의 여러 차원들의 중요성에 있어서 우선순위를 정하는 것은 이에 대한 제한된 증거를 가지고 너무 이르고, 이러한 차원들 간의 높은 상관관계 그리고 차원간의 작은 편차를 고려할 때 의미가 없다. 그럼에도, 부록의 교차표와 본문 분석에서 드러난 사실은 단순한 추측을 넘어서는 것으로 다음과 같은 패턴이 있었다. 개발 리더십 차원 중에서 개인에 대한 높은 기대와 신념, 비전에 대한 몰입, 그리고 비전과 행동과의 일치가 학교 문화를 설명하는데 더 중요한 리더십 차원들이었다. 이러한 추론된 패턴은 다른 리더십 활동들은 높은 개발 리더십 학교에서 부족하였지만, 개인에 대한 높은 기대와 신념, 비전에 대한 높은 몰입, 그리고 비전과 행동 간의 높은 일치는 모든 높은 문화 학교에서 발견되었다는 사실과 일치한다.

대비적으로, 리더의 신념과 행동과의 불일치는 모든 낮은 문화 학교에서 발견되었다. 보다 일반적으로, 불일치 또는 비일관성 (mismatch or inconsistency)은 낮은 리더십 학교에서 계속 발견되는 주제였다. 공식적 SBM 구조와 재구조화의 실제 과정, 비전 헌장과 그것에 대한 실제 몰입, 팀과 이의 실제 활용, 그리고 전문 교육 훈련 수요와 실제 훈련 사이에는 자주 괴리가 있었다.

위의 연구 결과로부터 추론된 또 다른 주제 (an inferred theme) 가 있는데 5가지의 개발 리더십 차원들이 두 개의 층화된 요소 (two layed components)인, 신념과 행동 (beliefs and actions) 로 구성되었다는 것이다. 신념은 기초가 되는 가치를 말하고, 행동은 리더십 신념이 반영된 구체적 행태와 행동을 말한다. 개인, 성공, 학생, 팀, 그리고 학부모에 대한 강한 신념은 학교 리더십의 한 가지 층 (one layer) 이고, 리더의 실제 행태, 태도, 행동, 그리고 활동은 비전이 나타난 것이다. 신념이 행동과 행태를 논리적으로 추진시키지만, 이것은 리더십 차원의 모든 행동과 행태가 행사되는 것을 의미하는 것은 아니다. 그러나 리더가 강한 비전과 가치를 보여주었을 때, 이러한 리더는 매우 창의적으로 비전과 일치하는 다양한 활동을 수행하였다. 또한 이러한 리더들은 학교 문화에 영향을 주는 개발 리더십의 차원과 하위 차원들을 매우 체제적으로 연결시켰다. 예를 들면, 비전을 개발하고, 개인을 개발하고 교육시키는데, 그리고 자금 제안서를 작성하는데 팀을 활용하였으며, 자원(자금 또는 예산)이 학교의 특정한 목표를 위해 할당되었으며, 그리고 비전과 구체적 목표가 자원 배분을 조정하는데 가이드로 사용되었다.

3) 학교 문화와 개혁의 성공
(School Culture and the Success of Reforms)

부록 A 표 A-2의 매트릭스 11과 12는 학교 문화와 개혁의 성공간의 관계를 보여준다. 두 변수간의 전반적인 관계는 매우 강하여 대부분의 학교는 높음-높음과 낮음-낮음 칸(the high-high and low-low cells)에 속한다. 문화의 두 가지 차원 중, 학습 문화와 개혁의 성공간의 관계가 동료애 문화와 개혁의 성공 관계보다 훨씬 강하였다. 이러한 연구 결과는 학교 문화가 개혁의 성공에 영향을 준다는 가설을 지지한다. 다음은 학교 문화의 두 차원이 어떻게 개혁의 성공과 관련이 있는지를 살펴본다.

(1) 동료애 문화 (Collegiality)

사람들이 공유하고, 상호 작용하고, 의사소통하고, 사귀고, 도와주고, 지지하고, 협력하고, 존중하고, 신뢰하고, 돌봐주고, 그리고 지역 공동체 의식을 가지고 있는 정도에 있어서 학교마다 차이가 있었다. 동료애 학교 문화의 이러한 차이는 개혁의 성공이라는 변수에서도 차이가 있었다. 높은 동료애 문화 학교에서는 인간관계가 어른-아이의 관계 같은 계층제적 명령과 통제 방식에서, 어른-어른의 관계인 함께 나누는 그리고 동등한 관계로 변화되었다. 이러한 동료애적인 학교 문화는 공식적, 비공식적 대화, 토론, 그리고 공유가 활발히 일어나고 있는 학교 환경을 만들었다. 사람들은 교수법과 기술을 포함한 다양한 종류의 정보를 항상 공유하였다. 사람들은 직업적 그리고 개인 생활에서 상호간 모든 종류의 도움을 주었다. 사람들은 공식 교직원 회의와 비공식 자리와 같은 기회가 있을 때마다, 다른 교사들이 시도한 아이디어와 이러한 아이디어가 그들을 위해 어떻게 유용했는지를 논의하였다. 교사들은 학회와 워크숍에서 배운 것을 공유하고 있었다. 사람들은 서로 도와 자원과 아이디어를 찾아주어 강의를 향상시키기 위하여 노력하고 겪고 있는 어려움이 있을 때 지원하였다.

동료애적인 학교 문화는 사람들이 목소리를 내고 상호 다른 의견을 개진하도록 하고, 이러한 문화에서는 의견 차이가 존중되고, 그리고 다양성이 장려되었다. 사람들이 서로 도와주고, 그리고 상호 그리고 학교 공동체에 대하여 돌봐주었을 때, 사람들은 서로 연결되어 있고, 그리고 통제하고 있다고 느꼈다. 그들이 학교의 주인이었다. 학교가 긴밀히 연결된 가족이 될 때, 학교 구성원들은 교수 방법을 개선하고 변화시키는데 적극적으로 관여하였다.

대비적으로, 낮은 동료애 학교에서는 반감, 비관주의, 냉소주의, 불신,

적대감, 분노, 그리고 갈등이 비일비재하였다. 대부분의 이러한 학교들은 두 세 그룹으로 나뉘어 학교를 분열시키고 있었다. 사람들은 함께 일하지 못했으며, 각자 교실에 고립되어 있었으며, 의사결정 과정에 참여하는데 관심이 없었으며, 자신들의 영역 보호만 하였으며, 정보를 은익하고, 본질적으로 관심이 없었다. 정치적 싸움이 거의 모든 일에 영향을 주었다. 이러한 문제가 많고 낙담적인 문화에서는 학교 전체가 종종 분열되고 강의 혁신은 희생되었다.

이러한 학교 문화에서는 "우리 대 그들(us-them attitude)" 이라는 갈등 대비적인 사고와 태도가 만연해 젊은 교사와 원로 교사, 정교사와 임시직 교사, 전공 학과, 학년 팀, 행정가과 일반 교사, 학교와 교육구, 노조와 비노조, 교사와 학부모, 그리고 학교와 지역 사회 간에 갈등이 있었다. 이러한 갈등 구분적인 태도는 많은 동료애적인 업무관계를 해쳤다. 개인 성격, 이념, 또는 기본 이익 문제가 되었건, 긴장과 갈등이 학교 전체에 퍼져있었다. 특정 교사 집단들이 특정 행정가 또는 자원 통제권을 가지고 있는 사람들과 한편이 되기도 하였다. 때로는 전공 간 부서화 (departmentalization) 가 심화되어 교사들 간 상호 교류가 적었다. 이러한 낮은 문화 조건에서는 강의 혁신을 하려는 사람들의 능력 발휘가 제한을 받았다.

(2) 학습 문화 (Learning Culture)

학습하는 문화를 나타내는 다양한 활동과 행동들이 있었다. 학습 문화를 나타내는 하위 차원에 있어서 학교 간 차이들이 있는데, 이러한 학교 문화의 하위 차원들에는 변화에 대한 수용성, 모험에 대한 적극성, 문제 발견과 인지 능력, 학교를 개선하고 학교에 대하여 배우기 위한 다양한 기회 활용, 학교의 학습 체제로 구축, 성취에 대한 자료 수집, 수집된 자료의 분배, 학교 향상을 도와줄 수집된 정보 이용, 그리고 평가와 피드백을 학교의 비전과 목표와 연결시키는 활동을 포함한다.

높은 학습 문화의 학교에도 변화를 원하지 않는 사람들이 항상 있지만, 새로운 아이디어와 변화에 대한 개방적인 태도를 가지고 있었다. 모험과 창의성은 장려되었다. 이러한 학교들에서는 문제는 변화를 위한 기회로 받아들여지고 이러한 변화는 긍정적으로 학생 학습에 영향을 주었다. 많은 사람들이 새로운 강의 방법과 관련한 많은 실험을 하고 있었고 이리하여 많은 교수법 혁신이 이루어졌다. 반면에, 낮은 문화를 가지고 있는 학교에서는 많은 사람들이 변화하려 하지 않았다. 많은 학교들이 SBM 자체와 다른 교수법 혁신에 대하여 저항하였다. 많은 학교들이 학생들의 인구 통계 변화와 같은 환경 변화에 적응하려 하였는데, 어떤 학교들은 다른 학교들보다 더 저항적이었다.

성공적인 학교들은 상당한 정도로 학교 체제에 대한 지속적 그리고 비정규적 평가를 수행하여, 평가가 학교가 하는 모든 것의 핵심적인 부분이 되었다. 이러한 학교들은 자기들이 무엇을 하고 있는지, 어떻게 하고 있는지, 그리고 왜 하고 있는지를 지속적으로 말하고 관찰하고 있었다. 어떤 학교는 주의 실험학교 (a state Vanguard school)로 선정되기 위하여 대대적인 자체 평가 과정을 수행하였다. 이러한 실험학교 준비 과정을 통하여 학문적으로 학교가 어디에 있는지, 그리고 어디로 가고 있는지에 관심을 갖도록 하였다. 이러한 준비 과정을 통하여 학교가 진보적인 태도와 비전을 갖게 되었다. 이 학교는 실험학교 준비 과정의 결과로 비슷한 시기에 시작한 SBM을 단지 또 다른 도전으로 보게 되었다. 조직적인 자료 수집 과정을 행해지지 않았지만, SBM은 학교에 전반적으로 흐르는 성공 분위기로 부드럽게 진행되었다. 첫 학교 운영위원회의 주제가 지난 10년간의 학생 시험 성적을 분석하는 것이었다. SBM 제도로 옮겨가기 전에 연구 팀은 욕구 조사와 부모 서베이를 수행하였고, 서베이 조사 결과가 분배되었다. 이 학교의 학습 문화가 매우 강하여 사람들이 학습 과정을 즐기고, 다양한 교수법과 자료를 사용할 정도로 학교 구성원의 열의와 에너지가 증가되어 있었다.

정규적 연구 기획 시간, 교직원 회의, 평가 위원회, 교과과정 협력 위원회, 자치회의 (town-hall meetings), 그리고 서베이와 같은 여러 학습 메커니즘을 제도화 하는 정도에 있어서 학교들 간 많은 편차가 있었다. 한 학교는 한 달에 두 번 교과과정 협력회의를 가져 전체 교과 과정을 다루는 이슈를 논의하였다. 한 학교는 학습 집단 팀 (study group team)을 가지고 있었는데 이 팀은 변화 과정에 초점을 두고, 어떤 변화가 필요한지? 변화에 적절한 연구들은 어떠한 것들이 있는지? 변화를 수행하는 데는 어떠한 종류의 교직원 개발이 필요한지를 연구하였다. 많은 학교에서 아이디어를 공유하고, 새로운 아이디어를 개발하고, 그리고 변화 과정을 평가하기 위하여 팀이 체계적으로 사용되고 있었다. 많은 학교에서 정보를 수집하고, 공유하고, 그리고 이용하기 위하여 이러한 메커니즘이 상당히 활용되었다. 높은 학습 문화는 많은 새로운 혁신 프로그램을 위한 변화 과정이 부드럽게 진행되도록 도와주었다.

한 학교는 학교 보고서 카드 (report card)를 학교 체제 평가를 위한 준거 기준으로 사용하였다. 이 보고서 카드가 끊임없이 검토되고 변화되는 살아있는 문서로 인식되었다. 이 학교는 전략을 세워 여러 목표를 달성하도록 하였으며, 자아 평가와 교장과 다른 교사에 의한 타인 평가가 제도 둘 다 가지고 있었다.

높은 문화 학교들은 정보를 광범위하게 수집, 분배, 그리고 이용하였다. 한 학교는 모든 학생 출석률을 컴퓨터에 올려 다른 사람들이 볼 수 있게 하였다. 리더들은 회의, 뉴스레터, 학술회의, 그리고 신문을 통하여 시험 성적, 성적 등급, 정학, 출석률, 프로그램 만족률, 욕구, 그리고 다른 정보와 같은 질적 그리고 양적 정보를 나누어주었다. 한 학교는 매주 목요일 학부모들에게 집으로 뉴스레터를 보냈다. 매 뉴스레터는 교장의 메시지를 게재하는 공간을 가지고 있는데, 이 교장은 시험 성적, 학교의 목표, 당해 년의 강의 주제, 학교 운영위원회 결정들, 그리고 뉴스가 될 만한 다른 모든 것들을 이 메시지를 사용하여 보고하였다. 수집된 정보는 분배되었을 뿐만 아니라 효과적으로 이용되었다. 학교의 프로그램은 이러한 목표에 대한 성과에 따라 검토되고, 지속되고, 수정되고 또는 중단되었다. 높은 학습 문화를 가지고 있는 학교의 사람들은 많은 정보를 가지고 있었으며 그리고 의사결정을 할 때 보다 많은 적절한 정보를 가지고 있었다.

대비적으로, 많은 낮은 문화를 가지고 있는 학교들은 프로그램의 수요 조사와 평가를 활발히 수행하지 않았다. 한 학교는 내외부 평가를 수행한 적이 없다. 이 학교 사람들은 말하기를 본 연구 인터뷰 수행자가 이 학교를 방문한 최초의 평가자라고 말하였다. 이러한 맞은 문화의 학교에서는 새로운 프로그램들이 별로 환영받지 못하였다.

4) 연구에서 드러난 주제와 패턴들
(Emerged Themes and Patterns in the Study)

위의 연구 결과 외에 본 연구에서는, 다섯 가지의 관련된 주제와 패턴들이 나타났다. 첫 번째 주제는 SBM 이라는 통치 구조와 사람 요소에 해당하는 교육구와 학교 리더십간의 관계가 매우 체제적으로 연결되어 있어 분리되기 어렵다는 것이다. 교육구와 학교 리더십이 SBM의 모양을 만들고 의미를 부여하며, 그리고 그것이 살아있게 하였다. 두 번째 패턴은 첫 번째 패턴과 관련이 있는데, 변수간의 단선적 관계가 탐구되기는 하였지만 구조 변수와 리더십 변수가 학교 문화에 상호 관계적으로 영향을 준다는 것이 연구 자료에서 드러났다. 보다 참여적이고 강한 형태의 SBM이 효과적인 학교 리더십 그리고 교육구 리더십에 의하여 지원될 때 효과적인 학교 문화가 개발되었다.

세 번째 주제는 교육구 리더십, SBM, 그리고 학교 리더십간의 조화가 학교 문화를 설명하는데 중요하였다는 것이다. 낮은 문화를 가진 학교의 리더들이 계속하여 물어보는 질문의 하나는 도대체 SBM이 누구의 문화냐 라는 것이었다. 학교 이해관계자들이 어느 정도 SBM의 가치와 정신에 몰입하고 있었는가가 SBM의 성공적인 집행에 중요했다는 것이다. SBM이 외부로부터 강제되고, SBM의 가치에 대한 교육구와 학교 리더십의 몰입이 부족할 때 SBM은 "강제" "시간 낭비" 또는 "가장된 현태의 예산 삭감"이라 불리었다.

네 번째 주제는 성공적으로 재구조화 과정을 겪고 있는 학교에서 교육구 리더십, SBM, 학교 리더십, 그리고 학교 문화를 관통하여 흐르고 있는 가치가 사람에 대한 신회와 존경심으로 반영되어 나타났다는 것이다. 통치 구조로서의 SBM 자체가 단지 인간 업무관계를 어떻게 재구조화하는가의 가치를 반영했다. SBM의 가치는 인간에 대한 신뢰만이 아니라 지역 사람들이 학교를 효과적으로 운영할 능력에 대한 존중이었다. 교육구, 학교 리더십, 그리고 지역사회가 인간과 아이들은 존중하고, 교육의 가치를 중요하게 생각하고, 그리고 이러한 가치가 SBM 구조에 반영되었을 때, 이러한 학교들은 효과적인 문화를 가지고 있었다. 이러한 인간에 대한 신뢰가 시스템을 돌아가게 만드는 작동 요소였다.

마지막 패턴은 다양한 학교 리더들이 같은 학교구 리더십과 지원에 대해서도 다른 또는 때때로 대비적인 태도, 가치, 그리고 이에 따라 야기되는 행태 패턴을 보여주었다. 다른 표현으로 말하면, 단위 학교 내부 리더들이 외부 영향의 실제 규모에 관계없이 외부 요인 (주로 교육구 리더십과 지원)을 어떻게 인지하고 해석했는지가 높은 학교 리더십 학교와 낮은 학교 리더십을 구분하는데 도움이 되었다. 이러한 패턴은 외부 요인이 내부 행동의 직접적인 원인이 아이라고 설명하는 심리학 이론과 맥을 같이 한다. 다른 말로 하면, 외부 요인을 해석하고 걸러주는 내부 중재 메커니즘이 내부 행태 변화의 보다 직접적인 원인이라는 것이다. 이러한 연구 발견은 학교 리더십이 내부 매개 메커니즘으로서 학교 문화와 재구조화 과정에 가장 영향력 있는 변수라는 연구 결과에 의하여 지지되고 일치하는 것이다.

논의(Discussion)

본 연구는 연역적으로 검토되고 귀납적으로 드러난 변수간의 관계를 살펴봄으로써 재구조화 과정의 성격에 대한 어떤 통찰을 제공하였다. 본 연구에서 검증된 변수간의 가설적 관계들이 SBM을 통한 역동적인 재구조화 과정을 반영하고 있다는 실질적인 증거가 있었다. 변수간의 가설적 관계에 대한 전반적인 지지는 이론 모형의 타당성에 대한 증거를 확보하였다. 더욱이 질적, 양적 방법을 결합하여 사용함으로써 얻어진 수렴적인 연구 결과는 변수간의 이론적 관계뿐만 아니라 SBM을 통한 제구조화 과정에 대한 풍부하고 역동적인 이해에 관한 수렴적 타당성을 확보하였다는 것이다. 본 연구에서는 많은 질문에 대한 해답을 얻으려 하였지만 동시에 보다 많은 질문들이 제기되었다. 본 장에서는 연구 결과에 대한 논의와 시사점이 제공되고, 연구와 강점과 한계가 설명되고, 그리고 마지막으로 추후 연구 과제가 제시된다.

1) 연구 결과의 논의
(Discussion of the Findings)

SBM 형태, 교육구 리더십, 그리고 학교 리더십의 설명력을 밝히는 것이 어려운 이유는 상대적인 설명력이 변수간의 상호 작용에 달려 있다는 것이다. 특히, SBM 통치 구조와 학교 리더십간의 단선적 인과 관계가 본 연구의 주요 초점이긴 한데, 학교 리더십이 SBM 형태의 효과성에 미치는 역할 또한 고려되었다. 변수간의 탐험적 성격, SBM 형태에 대한 제한적 정보, 그리고 변수간의 상호 작용에 대한 제한된 증거를 고려할 때, SBM 형태와 학교 리더십간 관계에 대한 전반적 결론은 추측적일 수밖에 없다. 이러한 변수간의 상호 관계에 대한 시사점은 나중에 다루어진다.

학교 리더십에 상당한 정도의 영향을 주었지만, SBM 재구조화의 이론과 실천에서는 주목을 많이 받지 못한 SBM의 구조 관련 이슈가 하나 있다. SBM이 교육구로부터 단위학교로의 분권화에 초점을 두어왔지만, 학교장과 학교 운영위원회의 다른 구성원간의 권력 관계에는 관심이 적었다. 이리하여 많은 학교에서 학교 운영위원회 대 행정가의 권위에 대한 혼동과 갈등이 있었다. 이러한 혼동은 SBM의 통치구조의 모순적인 설계에 다소간 기인하였다. 공동 의사 결정이 SBM의 기본 근간이고, 합의 형성이 어떤 학교에서는 필수이고 다른 학교에서는 추천사항이지만, "책임은 내가 진다(the buck stops here)"는 표현은 학교 운영위원회와 학교 성취에 대하여 교장이 최종 책임을 가지고 있다는 것을 상징한다. 때로 학교와 교육구간 사이에서 교장의 미묘한 지위는 교사와의 잠재적인 갈등을 줄이기 위해 SBM에 새로이 규정된 그들의 역할을 명확히 할 필요가 있다.

교육구 리더십 역할과 가능한 효과에 대한 연구 가설은 원래 없었지만, 귀납적 연구 과정에서의 발견된 이것이 학교 리더십에 대하여 가지는 강한 설명력은 구조로서의 SBM이 진공 속에 존재하는 것이 아니라고 Robertson (1995a) 이 주장한 것을 감안하면 놀랄만한 것은 아니다. SBM은 사회 정치적 분위기, 교육구 정치와 리더십의 산물이다. 누군가가 SBM의 미래와 실패에 대하여 책임을 져야한다. 교육구가 혼동된 메시지를 보내고 학교에 자율성과 의사 결정 권한을 부여하는 SBM의 정신과 철학에 반하는 행동을 할 때, 긍정적인 리더십과 문화의 변화를 기대하기 어렵다. 외부 상황 요소인 교육구 리더십이 학교 리더십에 영향을 주었지만, 강한 학교 리더십과 문화가 교육구 리더십의 부정적인 효과에 대하여 완충 역할을 할 수 있을 것이다.

SBM의 재구조화 과정에서 개발 학교 리더십이 중요한 역할을 했다는 것은 매우 놀랄만하다 왜냐하면, 문화를 변화시킨다는 것은 체제적 변화 노력을 통한 오랜 시간이 걸리기 때문이다. 다른 한편으로는 대부분의 학교에서 리더, 특히 교장이 SBM 과 관련하여 여러 해를 일하며 보내왔다는 사실을 고려하면 학교 리더십과 문화와의 강한 관계는 그리 놀랄만한 발견은 아니다. 학교문화에 대한 리더십의 5가지 차원과 이의 하부 차원이 끼친 영향에 대한 논의가 이어진다.

비전(Vision): 낮은 문화와 높은 문화의 학교의 리더들이 비전을 개발하기 위하여 보여준 활동에 있어서 많은 차이가 있었다는 연구 결과는 기존의 리더십 문헌과 일치한다. 조직 철학 구현으로서의 비전은 현재의 리더십 문헌에서 가장 중요한 자리를 차지한다. 높은 리더십 학교 리더들이 학교의 비전을 개발하기 위한 노력에서 동료애, 학부모 참여, 또는 팀 개발과 같은 문화 차원에 대한 전략적 강조는 비전과 학교 문화가 매우 긴밀하게 연결되어 있음을 설명한다. 이러한 비전은 인간적 그리고 업무적 관계를 바꾸지 않고는 학교가 성공할 수 없다는 리더의 신념에 근거한다. 학교가 변화의 매우 불안한 전환기를 겪고, 특히 교사, 학교 행정가 또는 교육구와 사이에 신뢰가 형성되지 않았을 때 팀 개발에 대한 전략적 초점은 중요하다.

몰입 (Commitment): 비전에 대한 몰입을 개발하는 것이 학교 리더십의 가장 도전적으로 어려운 일인데, 이는 특히 독립과 협동, 행정 이슈와 강의, 교육구 요구와 자율성, 전문 직업 (교사)과 준전문가 (학부모), 노사 간, 그리고 전공 이익과 학교 전체 이익과 같은 여러 다른 가치나 갈등적인 이해가 도처에 존재하는 학교 환경에서 더욱 그렇다. 행정가와 교사, 교사와 학부모, 그리고 교사와 학생간의 "우리와 그들로 구분하는 이분법적이고 대립적인 태도 (us-them attitude)"가 비전을 개발하려는 리더들에게 매우 심각한 어려움을 주었지만, 리더십의 이러한 측면은 높은 수준의 개발 리더십에게 하나의 시험대 역할을 하였다.

팀 (Teams): 이미 언급하였듯이 팀을 개발하는 것은 리더에게 가장 어려운 일 중의 하나인데, 이유는 전통적으로 교사들은 독립적으로 일했으며 그리고 많은 교사들이 아직까지도 다른 사람들과 함께 일하는 것에 불편해 한다는 것이다. 팀 개발을 옹호하는 논거는 잘 확립되어 있는 반면에, 팀과 관련한 문제와 비용, 그리고 구성원들이 자발적으로 팀에 몰입하도록 하기 위해 필요한 인센티브 시스템은 교육계에서는 아직 필요한 주목을 받지 못하였다. 특히, 매우 개인주의적인 문화에서 집단에 대한 책임과 보상 시스템의 문제는 도전적 이슈이다.

몇 가지 연구 발견 사실들은 조직 설계와 리더십에서 어려움이 있음을 제시한다. 이러한 발견에는 낮은 문화를 가지고 있는 많은 학교에서 팀들이 활동적이지 않고, 학교 운영위원회가 부서화 되는 경향이 있고, 어떤 학교에서는 팀의 기능과 관련하여 혼란이 있으며, 시간과 자원이 매우 제한적인데, 특히, 학부모의 그것이 더욱 그러며, 그리고 낮은 문화의 학교에서는 여러 팀 간의 조정이 부족하다. 어떤 학교들은 다른 팀을 조정하는 한 팀을 개발하여 이러한 문제를 대처하는 창의성을 보여주기도 하였지만 팀을 더 만드는 것이 최선의 해결책은 아니다. 높은 실험정신을 보여주는 미국에서는 이미 포화 상태에 있는 체제에 새로운 팀을 더하게 되고 이러한 현상이 학교가 많은 팀을 가지게 된 것 같다.

많은 학교에서 학교 운영위원회 회의 과정이 "너무 느린 과정 (too slow a process)"로 간주되었지만, 대부분의 교사들이 이러한 새로운 시스템을 관리하는 방법을 배우고 있고 이러한 것이 토의와 의사결정의 민주적 과정인 것을 고려할 때 팀의 느린 과정이 그리 전부 낙담적인 것은 아니다.

개인 (Individuals): 낮은 학교 문화를 가지고 있는 학교의 많은 리더들이 소수 학생과 학부모에 대하여, 특히 사회 경제적 배경이 어려운 소수 학생들 (minority students)이 많이 학교에 유입되는 것에 대하여 준비가 되어 있지 않을 때, 높은 기대를 가지고 있지 않았다는 사실은 개발 리더십의 어려운 측면을 시사한다. 반면에 높은 개발 리더십은 학생, 교사, 그리고 학부모에 대한 자신감을 잃지 않는다. 다수 백인 교사들과 점점 증가하는 소수 학생들과의 문화적 차이는 많은 리더들에게 심각한 어려움을 제시하는데 누군가에 대하여 자신감을 잃지 않는 능력은 매우 효과적인 리더에 대한 시험 척도이다.

교육 훈련의 부족은 성공적인 학교 재구조화, 즉 개혁에 있어서 가장 심각한 장애 요소 중 하나이다. 학부모에 대한 자신감과 적절한 교육 훈련의 부족은 개발 리더십이 높은 학교 문화를 개발 할 수 없음을 보장하는 것이다. 학부모들은 학교 재구조화 과정에서 더욱 소외될 것이다. 학교와 사람들이 다른 욕구를 가지고 있으므로 훈련 자원이 이러한 다양한 욕구와 재구조화의 단계 따라 구분되어야 한다. 사람들은 SBM하에서 다양한 종류의 기술을 필요로 한다. 특히, 그룹 역학, 갈등 해결, 리더십, 그리고 의사소통과 같은 SBM 통치 구조와 관련한 기술은 재구조화의 초기 단계에는 즉시 필요한 수요이다. 많은 어려움을 겪고 있는 학생 (at-risk students) 의 대량 유입을 직면하고 있는 교사들은 다문화 교육이 필요하다. 비전 개발, 지역 사회 관계, 그리고 예산 작성은 이러한 분야가 취약한 리더들에게 제공될 수 있다.

기회 (Opportunities): 자원은 학교에서 많은 일들이 일어나게 하는데 필요한 촉진적인 조건이고, 외부 자금이 없으면, 연구 시간과 직업 전문 개발 계획 기회 같은 많은 학교의 활동들이 종종 중단되어야 한다. 어떤 리더들은 외부 자금 획득에 적극적이고 그리고 어떤 교장들은 다소 기업가적인데, 자금 모집을 위하여 그리고 다른 학교 기능을 위하여 할당된 시간과 노력 간의 이해관계 (tradeoffs) 가 균형을 이루어야 한다. 자원이 있음으로써 구성원들이 동료애 적이고 학습하는 문화를 개발하기 위한 많은 활동에 참여할 기회를 제공하였지만, 자원을 다른 사람들에게 제공함으로써 리더가 전달한 메시지가 더욱 중요한 것이다. 이는 다른 사람과 아이들의 교육에 대하여 리더가 보여준 관심을 말하는 것이다. 사람들은 "잘못된 (wrong)" 메시지를 받게 될 때, 불신하기 시작하고 행정 집행부의 어떤 개혁안에 대하여 저항적이 된다.

높은 문화를 가지고 있는 학교조차 효과적인 학부모 관계를 맺는데 어려움을 겪었다는 사실은 많은 학부모들이 일을 하고 있고, 부유하지 않고, 그리고 언어와 문화적 장벽을 가지고 있는 것을 고려할 때 학교 재구조화 과정에서 학부모를 공동의 파트너로 개발하는 것은 말로 해결 될 일 아니다 (requires more than lip service) 는 것을 말한다. 편부모만 존재하고 양 부모가 모두 일을 하는 것과 같은 여러 사회적 요소들이 학부모 참여의 기회를 더욱 제한한다. 이러한 장애 요소가 없어도 많은 학부모들은 학교일의 많은 내용에 관한 필요한 정보와 지식을 가지고 있지 않아 의사결정 과정에 적극적으로 참여할 준비가 되어 있지 않다. 주민들의 풀뿌리 활동을 제도화하는 것의 어려움에 대하여는 잘 지적되어 있다 (Cooper, 1980). 풀뿌리 운동의 후기 과정에서 결국은 관료들이 주도권을 가지게 되는, 즉 풀뿌리 운동의 관료화는 많은 참여 과정에서 종종 일어나는 일이다. 교육가들은 자기들의 영역이 학교에 대하여 잘 모르는 학부모들에 의하여 침략 받고 있다고 느낀다는 것이다.

요약: 전반적으로 본 연구를 좀 더 실현 가능한 프로젝트로 만들고 연구 대상의 복잡한 연구 현상을 통제하기 위하여 SBM 변화 과정의 부분적 그리고 단선적인 그림을 평가하였다. 연구 가설 부분에서 언급하였듯이 학교변화 과정의 현실은 본 연구에서 가정되고 가설화된 것보다 훨씬 더 복잡하고 상호 연계되어 있다. 변수 간에 시간적으로 인과적 그리고 일련의 영향 (the temporally causal and sequential influence)이 없었던 것은 아니지만, 변수 간의 상호적, 동시적, 그리고 강화하는 관계가 학교 재구조화 과정에 대한 좀 더 정확하고 현실적인 그림인 것이다. 본 연구에서 검토된 것은 현실 자체라기보다는 주어진 시간과 공간의 산물로서의 특정한 준거 틀 (a particular frame of reference)을 반영할 뿐이다. 특히, 아시아 문화에 비하여 사물을 기계적 방식으로 분석하는 서구 문화가 본 연구에서 사용된 사회 현상의 심리적 렌즈와 모형에 영향을 주었을 것이다. 현대 통계분석은 서구 문화가 사회 현상을 특이한 방식으로 바라본다는 것을 반영한다. 모든 사물의 상호 연결성을 믿는 선 불교인이나 도교인은 통계학자가 한 변수가 다른 변수에 주는 영향을 분리해내는 방법에 매우 놀랄 것이다. 자료에서 증거 되고 연구 결과 (Findings) 장에서 기술된 대로 개발 리더십의 5가지 하부 차원들은 상호 연결되어 있고, 리더들, 특히, 매우 효과적인 리더들은 리더십의 다양한 측면을 체계적인 방식으로 사용하였다. 더욱이 변화 과정의 다양한 변수들이 상호 영향을 주었다. 예를 들면, 학교 리더십은 최소한 어느 정도 다른 두 변수인 SBM의 형태와 학교 문화에 영향을 주고 또한 이 두 변수에 의하여 영향을 받았다.

결론적으로, 본 연구는 SBM이 학교를 향상시킬 수 있는 기제로서 상당한 잠재력과 또한 여러 한계를 가지고 있다는 것을 보여주었다. SBM은 우선 학교 리더십을 강화시킬 수 있고 점차 시간이 경과한 후 학교 문화도 변화시킬 수 있다. 동시에 통치구조의 구체적 형태로서의

SBM은 비효과적인 학교 리더십을 지배적으로 변화시키기에 항상 충분하지는 않다. SBM의 형태와 이것이 개발 리더십과 어떠한 관계에 대하여 매우 제한된 지식을 가지고 있기 때문에 학교의 질을 향상시키는데 있어서 SBM의 효능성에 대한 우리의 기대는 SBM의 여러 형태에 대한 이해가 향상시킬 때까지 미루어져야 한다. 그러나 성공적인 학교 개혁을 이끌기 위해서는 학교 리더십에 의존해야 한다. 개발리더십은 학교 문화를 변화시키는데 효력이 있었다.

리더십의 중요한 역할이 개혁과정에서 구조의 중요성을 부정하는 것이 아니라 개혁과정에서 구조와 리더십의 불가분의 공생적 관계를 확인시킬 뿐이다. 본 연구는 성공적인 개혁이란 체제적 변화노력을 요하는 지속적인 재구조화 과정이라는 것을 확인하여주었다. 교육구 리더십, SBM, 그리고 개발 리더십을 포함하는 재구조화 구성 요소의 기저에 흐르는 가치들 간의 조화가 학교문화와 이어서 개혁의 성공을 설명하는데 중요하다. 이러한 연구 결과는 질적인 또는 문화적 변화를 이끌어내기 위해서는 조직의 여러 요소들이 체제적으로 갖추어져야 한다는 주장과 부합한다. 이러한 체제적 노력은 학교 리더십 차원내의 수평적 배열 그리고 통치구조, 교육구 리더십, 그리고 학교 리더십간의 계층적 배열을 포함하여 말한다.

본 연구는 또한 학교 재구조화 과정에서 문화적 측면이 매우 중요한 위치를 가지고 있음을 보여주었다. 문화 모형은 전체를 아우르는 주제로서 재구조화하는 학교의 사회 기술 시스템에 통일성을 부여하고 통합시키는 역할을 하였다. 기술 구조와 인간 과정 구성요소들 (Friedlander and Brown, 1974) 은 상호 관계되어 있고, 상호 영향을 주며 이러한 상호 영향이 학교의 문화를 결정한다는 것이다. 이러한 시각은 또한 문화 모형이 조직 이론에서 근본 메타포이고 (Smircich, 1983) 조직 문화는 종합적 방식으로 연구되고 조직 기능의 핵심 주제와 문제에 연결될 때 (Pettigrew, 1990, p.421) 생명력이 살아나는 체제적 개념이라는 이론적 주장과 일치한다.

학교의 여러 구성요소들 간의 가치가 잘 부합하도록 하는 과정은 학교 개혁을 수행하는 사람들에게 중요한 관심 대상이다. SBM의 통치구조는 인간에 대한 존중과 지역 사람들의 능력에 대한 신념의 가치를 번영하도록 설계되어야 한다. 리더들은 사람에 대한 강한 신념과 아이들의 미래와 교육과정 비전에 대한 몰입을 개발해야하고 이러한 비전이 실천될 수 있도록 일관된 행동을 보여주어야 한다. 사람이 존중받지 못할 때 시스템이 주도권을 갖게 되고 조직에서는 목표의 전도가 일어나게 된다. 리더가 자신의 자존심과 이익에만 집착할 때 집단적 이익인 아이들의 교육은 희생된다. 이러한 리더들은 자신이 무슨 가치를 옹호하고 있는지 깨닫지 못하고, 관료 구조는 공고해지고, 재구조화의 잠재력은 사라진다. 리더가 업무와 인간관계가 협력과 협동을 강조하고, 공동체 의식과 학습이 조직에 광범위하게 퍼진 규범이 되는 학교 문화를 개발할 때, 학교와 학생의 성공이 보장되는 것이다. 본 연구가 어떤 학교들이 왜 그리고 어떻게 효과적인 문화를 개발하고 재구조화에 성공하고 어떤 학교들은 그러지 못하였는가를 밝혔다면 연구 목표를 달성했다고 말할 수 있다.

2) 연구의 함의 (Implications)

본 연구는 SBM이 공식구조로서 재구조화 과정에서 적극적인 그리고 소극적인 역할 둘 다 가지고 있다는 의미에서 야누스적인 얼굴을 가지고 있다는 것을 밝혔다.

SBM의 적극적인 역할을 강조하는 것은 SBM이 학교 문화를 바꾸고 궁극적으로 학교의 질과 학생 성취를 향상시킴으로써 효과적인 개혁전략이 되기 위해서는 개발리더십의 다양한 측면을 향상시켜야한다는 것을 의미한다. SBM이 학교 리더십에 동기부여를 하고 변화시키는 유인 시스템이 되지 않고 SBM의 효능성을 말하기 어렵다. SBM이 개발 리더십에 긍정적이지만 제한된 효과를 가지고 있다는 것은 SBM이 개혁전략으로서는 실질적 잠재력이 있지만 이의 설계구조는 아직도 제한된 효력을 가지고 있다고 말할 수 있다. 정책 결정자들과 행정가들은 SBM이 원하는 결과를 가져올 것이라는 막연한 기대를 낮추어야 한다. 이들은 좀 더 구체적인 정책 질문인 SBM의 어떤 형태 그리고 어떤 측면이 학교 리더십의 다양한 측면에 영향을 주고 변화시킬 수 있는가 그리고 어느 정도까지를 물어본다. SBM의 수동적인 측면은 SBM은 실현되어야 하는 수단과 기술이라는 논리에 의하여 지지를 받는다. SBM의 공식적 청사진은 SBM의 구조적 요소로서의 성격 때문에 집행과정으로부터 괴리되어 있다. 이러한 SBM의 수동적인 역할은 리더십의 보완적인 역할과 이에 따르는 정책적 함의를 나타내지만 SBM을 위한 다른 질문인 "SBM의 어떤 측면이 다른 이해관계자들에 의하여 수용되거나 거부 되는가" 가 중요하다. 설계되는 SBM의 형태가 다른 사람들에 의하여 어떻게 받아들여질 것인가를 고려하지 않고 설계하고 도입하는 것은 실현가능하지 않은 프로젝트가 된다.

SBM에 있어서 팀과 행정가의 권위를 명확히 하는 것이 혼란을 줄일 수 있을지 모른다. 이는 또한 교육구가 명확한 태도를 취하는 것이 필요하다는 것을 나타낸다. 행정가와 교사들에게 팀에서 그들의 확대되고 재 활성화된 역할에 대하여 교육하는 것이 혼란을 줄이는데 도움이 될 수 있다.

본 연구에서 드러난 재구조화 과정에서 개발 리더십의 무엇보다도 중요한 역할은 이론적 그리고 실천적 함의를 가진다. 본 연구에서의 발전적 리더십은 리더십에 대한 정적인 경향보다는 리더십 행태와 행동에 대한 역동적 기술을 함으로써 리더십에 대하여 보다 포괄적 차원을 포착하였으며 보다 풍부한 이해를 하게 되었다. 특히 이 발전적 리더십 모형은 리더십 이론에 있어서 발전적이라는 형용사를 채택하여 리더십 이론 인벤토리에 새로운 기여를 하게 되어 전통적 리더십 이론과는 다르게 리더십에 대한 다른 그림을 보여주고 있다.

개발리더십은 너무 일반적이고 추상적이어 유용성이 없는 전통적 리더십 이론에 비하여 정책결정자들과 실무가들을 위한 보다 실용적인 가이드라인을 제시할 수 있다. 개혁 정치 하에서 통치 구조를 변화시키는 것의 실현가능성을 고려하면 아마도 학교리더십을 어떻게 해보는 것이 재구조화를 통하여 학교 질을 향상할 수 있는 가장 효과적인 정책 대안일 수 있다. 다섯 가지의 리더십 차원과 구체적인 하부 차원들은 리더십 훈련의 인벤토리로 사용될 수 있다. 개발리더십이 여러 차원을 포함하지만 본 연구는 개발 리더십이 두 가지의 수준인 신념과 행태로 구성되어 있다는 것을 밝혔다. 신념이 구체적 행태와 바로 이어지는 행동에 대한 추진력이 된다는 것과 리더십이 기술적 기술을 개발하는 것 이상이라는 것을 고려하여 리더의 신념을 개발하는데 초점을 두어야 한다. 리더가 교육과 학생에 대한 강한 신념과 철학을 가지고 있을 때, 이러한 가치를 반영하는 자양한 활동과 행동을 하게 될 것이다. 본 연구에서 개인에 대한 높은 기대, 비전에 대한 몰입, 그리고 비전과 행동의 일치가 학교 문화를 변화시키기 위한 개발 리더십의 가장 중요한 측면이라는 것이 밝혀졌다. 물론 이러한 발견이 호오손 실험의 발견과 같이 놀랍지는 않지만 이의 중요성이 비중이 덜 가는 것은 아니다. 개발 리더십의 이러한 차원이 인간, 아이들, 그리고 교육에 대한 존중을 반영한다.

전통적 그리고 공식적 리더십을 모든 사람이 리더십 잠재력을 개발할 수 있고 리더십 역할을 가질 수 있다는 전제하는 전체 리더십 (total leadership)으로 확대하는 것은 이론적 그리고 실천적 함의를 갖는다. 전통적 리더십의 엘리트 전통이 대중적 리더십 방식에 자리를 내주는 것이다. 이러한 리더십 모형의 패러다임 변화는 자원의 재분배로 이어진다. 보다 많은 자원이 한두 명의 공식적 리더보다는 개인 리더십 잠재력을 개발하는데 사용되어야 한다. 그러나 교장이 공식 리더십의 지배적인 인물이고 대부분의 학교에서 조직의 분위기 (tone)를 좌우한다는 발견은 관료적 교육기관과 전반적인 영웅 숭배 문화를 변화시킨다는 것이 얼마나 어려운지를 보여준다. 강력한 리더에게 도전하는 것의 두려움은 부하들을 뒤로 물러서게 만들고 "공식적 리더들이 익숙하지 않은 의사 결정 패턴을 가지고 실험하는 것보다는 익숙한 것을 유지하게 한다." (Kanter, 1982, p.15) 종합 개발 리더십에 기초한 교육프로그램에의 작은 변화는 커다란 영향을 가져와 이러한 개발 리더십이 실무가들에게 확산되고 실무가들의 학교 리더십에 대한 개념을 변화시킬 것이다. "강한" "독재적" 또는 "약한" 리더와 같은 리더십에 대한 실무가들의 이미지가 개발 리더십에 의하여 영향을 받을 수 있는지가 관심사항이다. 학교 개혁 과정에서 상대적으로 무시된 인간 요소의 비공식적 역학에 다시 관심을 돌릴 수 있기 때문 교육구 리더십과 개발 리더십의 중요한 역할은 매우 고무적이다. 리더십은 개혁과정에서 단지 여러 변수 중의 하나라기 보다는 중요성에 상응하는 자리를 찾아야 한다. 개혁과정에서 SBM과 같은 구조 요소와 교육구와 학교 리더십과 같은 사람 요소가 훨씬 체제적으로 상호 연결되어 있고, 아마도 분리될 수 없다는 것은 이론과 실제를 위한 중요한 함의를 제시한다. 사회과학에서 구조와 사람 요소를 구분하려는 강한 경향이 있고 (Bennis, 1959), 이러한 구조와 사람의 이분법적인 논의는 사회과학에서 가장 논쟁적인 주제의 하나이다. 구조 요소에 대한 지나친 강조는 인간 잠재력의 성장을 저해했다. 구조는 자체의 동력을 가지고 있다는 믿음은 잘못된 신념을 가지고 왔는데 이는 일단 구조가 자리를 잡으면, 자동적인 집행이 따르고 무언가 잘못되면, 잘못은 사람이 아니라 시스템이나 구조에 있다는 것이다. 이러한 분리될 수 없는 현실에 대한 이분법적인 시각은 정책 결정자들에 의하여 오용되었다. 일반적인 인식은 많은 대중적인 구조 개혁 프로그램들이 갈등이 심한 교육구에서 불만이 있는 선거구민을 달래기 위하여 사용되어 왔다는 것이다.

개혁과정에서 이러한 두 요소간의 공생적이고 동등한 관계가 강조되어야 한다. 구조와 사람 요소 간에 궁합이 잘 맞을 때 시너지 효과가 실현될 수 있다. 구조가 지배적이면 리더십이 고통을 받고, 구조에 의한 목표의 전도가 있을 것이다. 역으로 리더십이 지배적일 때, 리더에 의한 재량권의 오용과 자의적 행동이 따른다. 구조와 리더십 간에 바른 균형과 궁합을 찾는다는 것은 하나의 예술이다. 문화 모형은 재구조화 과정에서 구조와 리더십간의 궁합을 개발하기 위한 총괄적인 가이드 (an overarching guide) 가 될 수 있다. 행정가들과 정책결정자들은 다음과 같은 질문을 물어보아야 한다. SBM의 구체적인 형태에 어떠한 가치들이 배어 있나? SBM 형태에는 누구의 가치가 반영되어 있나? 다양한 이해관계자들이 SBM에 반영되어 있는 이러한 가치를 수용할 것인가? 이러한 질문들이 재구조화 과정에서 모든 행동과 단계들을 안내해야 한다.

3) 본 연구의 강점과 한계
(Strengths and Limitations of this Study)

질적 그리고 양적 방법, 즉, 연역적, 귀납적 방법, 그리고 다른 분석 방법인 분산과 이야기 말하기를 같이 사용한 것이 현상에 대한 보다 역동적이고 풍부한 이해를 도와주었다. 이러한 결합된 연구 방법은 연구 결과의 수렴적 타당성을 만들어 냈을 뿐만 아니라 연구의 범위와 넓이를 확장하고 자료의 기저에 흐르고 있는 주제와 패턴을 보게 해주었다. 풍부한 질적 본문 자료를 가지고 본문 분석을 한 것이 변수간의 연결 관계를 보는데 있어서 설득력 있는 인과적 증거를 제공해주었다. 데이터에 깊이 빠져 이론을 개발하려는 노력은 실무가에게 보다 적절하고 의미 있는 개념과 이론을 개발한다. 자료를 지속적으로 분석하고 범주와 패턴을 비교하여 그렇지 않았더라면 탐구해내지 못했을 여러 가지 기저에 흐르고 있는 주제와 패턴을 만들어 냈다. 이러한 과정에서 보다 현실적인 개념 모델이 드러났다.

데이터를 코딩하는 과정에서 컴퓨터 프로그램의 사용은 데이터를 전통적인 수제식 (the traditional manual handling of data) 으로 해서 나올 오류의 가능성을 줄였을 뿐만 아니라 데이터를 코딩하고 분석하는 데 있어 좀 더 정교하고 비전통적인 방식에 대한 잠재력을 보였다는 것이다.

본 연구가 양적 그리고 질적 연구방법을 결합하여 본문의 인터뷰 자료를 최대한 활용하려고 하였음에도 다음과 같은 한계와 약점을 갖는다. 본 연구 결과의 발견과 함의는 이러한 단서를 염두에 두고 해석되어야 한다. 첫째, 본 연구의 전반적 연구 설계는 전실험적 (pre-experimental) 이라 할 수 있다 (Campbell and Stanley, 1963; Kerlinger, 1973; McMillan and Schumacher, 1989). 왜냐 하면, 인과 간계 분석의 조건인 무작위 표본 추출, 통제(비교) 집단, 선실험-후실험 (pretest-posttest), 그리고 시계열 연구가 부재하여 이러한 한계는 SBM이 다른 변수에 직접적으로 주는 영향의 인과 분석을 어렵게 하기 때문이다. 한 가지 변수가 다른 변수에게 주는 영향을 정확히 밝혀내는 것은 상호 연계되어 있는 사회 현상의 성격상 가능하지 않고 본 연구의 제한된 설계에서 더욱 가능하지 않다. 본 연구의 설계는 학교의 특징(예를 들어, 구성원 나이, 학교 크기, 노조)과 지역 사회 특징 (예로 학교와의 전통적 관계, 학부모와 학생의 사회 경제적 그리고 인구 통계적 배경) 같은 통제되지 않은 상황적 그리고 조절 변수에 의하여 더욱 복잡해진다. 이러한 변수들이 "모든 다른 조건은 같다 (all else equal)"라고 가정하여 통제될 수 있지만, 이것이 그러한 변수들이 중요하지 않다는 것을 의미하지 않는다. 오히려, 질적 연구 방법은 함의하기를 이러한 변수나 범주를 계속하여 탐구하는 것이 보다 복잡한 현상을 밝혀내는데 도움을 준다는 것이다. 그러나 본 연구 데이터의 단순한 규모가 이러한 이론적 포화 (theoretical saturation) 를 추구하지 못하게 하였는데 이를 하려면 적절하다고 간주되는 모든 상상 가능한 변수와 범주가 탐구되어야 하는 것이다.

보다 구체적으로 데이터와 관련한 연구의 한계가 있다. 첫째로, 1단계 연구 프로젝트와 2단계 연구 프로젝트 정보의 단순한 양과 인터뷰와 사례 연구 데이터에서 불일치가 존재했다. 때로는 인터뷰 데이터의 단순한 정보의 양에서 학교 간, 그리고 특정 코딩 질문 사이에 큰 편차가 있었다. 두 번째는 이러한 불일치는 데이터의 추후 분석 (retrospective analysis of data) 연구 방법에 기인한다. 특히, SBM 형태와 교육구 리더십에 관한 데이터는 매우 제한되었고, 교육구 리더십 변수는 느슨하게 규정되었다. 이러한 변수와 변수 간 관계에 대한 증거는 일화적 증거 (anecdotal evidence)에 기초하였다. 교육구 리더십에 대한 증거는 교육구 리더들이 실제적으로 활동한 것과 학교 구서원들이 교육구 리더십과 지원에 대하여 느낀 것에 기초하였다. 셋째는, 학교 구성원 행태에 관하여 이용 가능한 정보의 양도 데이터 수집 방법인 인터뷰의 성격상 한계가 있었다. 관찰 방법이 보다 많은 리더십 행태와 활동을 알아냈을 것이다. 넷째, 학교 문화를 연구하고 측정하는데 집중적인 인터뷰와 참여 방법이 선호된다는 주장을 고려하면, 문화를 측정한 인터뷰 데이터는 제한된다. 개발 학교 리더십과 학교문화 간의 높은 인과 관계 증거는 학교 문화가 측정된 연구 방법 (the methodological arti-facts of the way school culture was measured) 에 기인할지도 모른다.

4) 추후 연구 (Further Research)

본 연구의 강점과 한계를 염두에 두고, 이를 가다듬고 확대하는 추후의 연구가 수행될 필요가 있다. 연구 방법론과 관련하여 미래의 연구는 SBM을 채택하지 않은 학교와의 비교, 장기적 연구, 다양한 데이터 수집 방법, 그리고 질적 자료에서 인과 관계와 패턴을 가려내기 위하여 다양한 양적, 질적 기술을 포함한 인과 관계 통계 방법과 같은 좀 더 정교한 연구 설계를 사용해야 한다. 좀 더 정교한 연구 설계를 가진 양적 질적 방법을 제대로 결합하면 변수간의 좀 더 정확한 인과 관계를 알아낼 뿐만 아니라 변수간의 보다 역동적인 관계에 대한 풍부한 이해를 할 수 있다. 본 연구는 많은 질문을 제기하였고 다음은 연구가 이루어져야 하는 연구 분야와 의제들이다.

- SBM은 상황적 요소의 산물이다. 정치적 분위기나 교육구 리더십과 같은 상황적 요소와 SBM 형태의 관계는 연구될 필요가 있다. SBM의 여러 형태와 구조에 대한 보다 광범위하고 포괄적인 탐구가 이루어져야 한다. 이러한 연구에서 의사 결정자들 간에 권력관계가 어떻게 설정되는지도 주목을 받아야 한다.
- SBM의 구체적 형태 (예로, 자발적 형태나 강제형, SBM 운영위원

회 구성, 대표제나 직접민주제) 와 SBM의 초기 목표 (예로, 권력이 의사 결정자들 간에 공유되는지)와의 관계가 연구되어야 한다. SBM의 잠재적 효능을 이해하기 위해 다양한 형태의 SBM과 이들의 이론적 파생 (theoretical ramifications) 에 대한 포괄적인 설명이 요구된다.

- 다양한 형태의 SBM이 학교 리더십에 미치는 영향에 대한 연구
- 학교 리더십이 시간의 경과에 다라 학교 문화를 어떻게 변화시켜 가는지에 대한 시계열적 연구
- 여러 형태의 SBM, 교육구 리더십, 그리고 개발 리더십간의 상호 관계 역학에 대한 연구
- 교육구 리더십, SBM, 그리고 학교 리더십의 가치들 간의 궁합이 어떻게 높은 학교 문화를 만들어 내는지에 대한 연구
- 학교 문화와 다른 결과 변수인 행태의 변화와 학교의 질 간의 관계를 연구하여 본 연구의 범위를 확대한다.
- 인구 통계 배경 (예로 인종, 교육 수준, 학부모와 학생의 소득), 지역 사회 성격, 학교 크기, 학교 구성원 연령, 그리고 노조의 성격과 같은 상황적, 조절 변수와 같은 모든 인지된 변수를 포함하는 확대된 다중 변수 연구
- 본 연구에서 개발된 이론 모형이 미래 연구와 SBM 변화 과정에 대한 실용적 평가를 위한 이론 틀로 사용될 수 있다. 좀 더 정교한 인과 관계 연구 설계가 이모형을 검증하기 위해 필요하다.

위의 연구 의제가 밝혀지고 학교 재구조화 지식 기초에 더해질 때, 학교 변화 과정 역학에 대하여 좀 더 자신감 있고 제대로 된 이해를 이루어질 수 있다. 이러한 과정에서 변수간의 보다 명백한 관계가 설명되고 보다 타당성 높은 이론 틀이 개발될 것이다.

참고문헌

Adams, G. B. (1992). Enthralled with modernity: the historical context of knowledge and theory development in public administration, Public Administration Review, 52, 363-373.

Alvesson, M. (1990). On the popularity of organizational culture, Acta Sociologica, 33, 31-49.

Argyris, C. (1957). The individual and the organization, Administrative Science Quarterly, 2, 1-24.

Argyris, C. (1977). Double loop learning in organizations, Harvard Business Review, 55, 115-125.

Bacharach, S. B. & Aiken. M. (1976). Structural and process constraints on influence in organizations: A level-specific analysis, Administrative Science Quarterly, 21, 623-642.

Bacharach, S. B., Bamberger, P., Conley, S. C., and Bauer, S. (1990). The dimensionality of decision participation educational organizations: The value of a multi-domain evaluative approach, Educational Administration Quarterly, 26, 126-167.

Barley, S. B. (1983). Semiotics and the study of occupational and organizational studies, Administration Science Quarterly, 28, 393-413.

Barnard, C. I. (1968). The functions of the executive. Cambridge, MA: Harvard University Press.

Barney, J. B. (1986). Organizational culture: Can It be a source of sustained competitive advantage? Academy of Management Review, 11, 656-665.

Barth, R. S. (1989). The principal & the profession of teaching. In T. J. Sergiovanni and J. H. Moore (Eds.), Schooling for tomorrow: Directing reforms to issues that count (pp.227-250). Boston, MA: Allyn and Bacon.

Bass, B. M. (1981). Stogdill's handbook of leadership(rev. & exp. ed.). New York: The Free press.

Bass, B. M. (1985). Leadership and performance beyond expectations. New York: The Free Press.

Beer, M. (1980). Organizational change and development: A systems view. Santa Monica: Good Year Publishing Company, Inc.

Bellah, R. N., Madsen, R., Sullivan, W. M., Swidler, A., and Tipton, S. M (1985). Habits of the heart. New York: Harper & Row, Publishers.

Benne, K. D. & Birnbaum, M. (1969). Principles of changing. In W. G. Bennis, K. B. Kenneth, and R. Chin (Eds.), The planning of change (pp.328-335). (2nd ed.). New York: Holt, Rinehart and Winston, Inc.

Bennis, W. G. (1959). Leadership theory and administrative behavior: The problem of authority, Administrative Science Quarterly, 4, 259-301.

Bennis, W. G. & Nanus, B. (1985). Leaders: The strategy for taking charge. Harper & Row, Publishers, Inc.

Berg, B. L. (1995). Qualitative Research methods (2nd ed.). Boston: Allyn & Bacon.

Berger, P. L. & Luckman, T. (1966). The social construction of reality. New York: Doubleday.

Berlew, D. E. (1974). Leadership and organizational excitement. In Kolb, Rubin, and McIntyre. Organizational Psychology: A Book of Readings (pp.265-277). Englewood Cliffs, NJ: Prentice Hall.

Bernstein, R. J. (1976). The restructuring of social and political theory. University of Pennsylvania Press.

Blau, P. M. & Scott, W. R. (1962). Formal organizations: A comparative approach. Chandler Publishing.: H

Bohm, D. (1980). Wholeness and the implicate order. Boston: Routledge &

Kegan Paul.

Bossert, S. T., Dwyer, D. C., Rowan, B., and Lee, G. V. (1982). The instructional management role of the principal, Educational Administration Quarterly, 18, 34-64.

Bryson, J. M and Crosby, B. C. (1992). Leadership for the common good. San Francisco: Jossey-Bass Publishers.

Burns, J. M. (1978). Leadership. New York Harper & Row.

Burns, T. & Stalker, G. M. (1994). The management of innovation (rev. ed). London: Tavistock.

Burrel, G. & Morgan, G. (1979). Sociological paradigms and organizational analysis. London: Heinemann Educational Books.

Campbell D. T. & Stanley, J. C. (1963). Experimental and quasi-experimental designs for research. Chicago: Rand Mcnally & Company.

Campbell, J. P., Dunnette, M. D., Lawler, E. E., Ⅲ. & Weick, K. E., Jr. (1970). Expectancy theory. In Campbell at al., Managerial behavior, and effectiveness (pp.343-348). McGraw-Hill, Inc.

Cawelti, G. (1982). Training for Effective School Administrators, Educational Leadership, 40, 324-329.

Chatman, J. A. (1989). Improving interactional organizational research: A model of person-organization fit, Academy of Management Review, 14, 333-349.

Chatman, J. A. & Jehn, K. A. (1991). Assessing the relationship between industry characteristics and organizational culture: How different can you be?, Academy of Management Journal, 37, 522-553.

Chubb, J. E. & Moe, T. M. (1990). Politics, markets, and America's schools. Washington, DC: The Brookings Institution.

Clark, B. R. (1970). The Distinctive College: Antinoch, Reed and Swarthmore. Chicago: Aldine Publishing.

Clark, B. R. (1972). The organizational saga in higher education, Administrative Science Quarterly, 17, 178-184.

Clark, D. L. & Meloy, J. M. (1989). Renouncing bureaucracy: A democratic structure for leadership in schools. In T. J. Sergiovanni and J. H. Moore (Eds.), Schooling for tomorrow: Directing reforms to issues that count(pp.272-294). Boston, MA: Allyn and Bacon.

Clark, D. L., Lotto, L. S., and Astuto, T. A. (1984). Effective schools and school improvement: A comparative analysis of two lines of inquiry, Educational Administration Quarterly, 20, 41-68.

Cleveland, H. (1985). The twilight of hierarchy: Speculations on the global information society, Public Administration Review, 45, 185-195.

Clune, W. H. (1993). The best path to systemic educational policy: standard / centralized or differentiated / decentralized? Educational Evaluation and Policy Analysis, 15, 233-254.

Clune, W. H. and White, P. A. (1988). School-Based Management: Institutional variation, implementation, & issues for further research. New Brunswick, NJ: Eagleton Institute of Politics, Center for Policy Research in Education.

Cohen, M. D.m March, J. G., and Olsen, J. P. (1972). A garbage can model of organizational choice, Administrative Science Quarterly, 17, 1-25.

Comer, J. P. (1986). Parent participation in the schools, Phi Delta Kappan, 67, 442-446.

Conley, S. C. & Bacharach, S. B. (1990). From school-site management to participatory school-site management, Phi Delta Kappa, 71, 539-544.

Conway, J. A. (1984). The myth, mystery, and mastery of participate decision making in education, Educational Administration Quarterly, 20, 11-40.

Cooper, M. (1988). Whose culture is it, anyway? In A. Lieberman (ed.). Building a professional culture in schools(pp.45-54). New York: Teachers College Press.

Cooper, T. L. (1987). Hiearchy, virtue, and the practice of public administration: A perspective for normative ethics, Public Administration Review, 320-328.

Cotton, J. L., Vollath, D. A., Froggartt, K. L., Lengnick-Hall, M. L., and Jennings, K. R. (1988). Employee participation: Diverse forms and different outcomes, Academy of Management Review, 13, 8-22.

Creswell, J. W. (1994). Research design: qualitative and quantitative approaches. Sage Publications.

Cuban, L. (1988). Why do some reforms persist? Educational Administration Quarterly, 24, 329-335.

Cuban, L. (1988a). The managerial imperative and the practice of leadership in schools. New York: State University of New York Press.

Dachler, H. P. & Wilpert, B. (1978). Conceptual dimensions and boundaries of participation in organizations: A critical evaluation, Administration Science Quarterly, 23, 1-38.

Daresh, J. C. (1992). Impression of school-based management, In J. J. Lane and E. G. Epps (eds.) Restructuring the schools: Problems and prospects. Berkeley: McCutchan Publishing Corporation.

David, J. L. (1989). Synthesis of research on school-based management, Educational Leadership, 46, 45-53.

David, J. L. (1991). What It takes to restructure education, Educational Leadership, 49, 11-15.

David, J.L. (1991). What it takes to restructure education, Educational Leadership, 49, 11-15.

Deal, T. E. & Kennedy, A. A. (1982). Corporate culture. Reading, MA: Addison Wesley.

Deal. T. E. & Celotti, L. D. (1980). How much influence (and can) educational administrators have on classrooms? Phi Delta Kappan, 61, 471-473.

Denison, D. R. (1984). Bringing corporate culture to the bottom line, Organizational Dynamics, 13, 5-22.

Denzin, N. K. (1978). The research act. New York: McGraw-Hill.

DiMaggio, P. J. & Powell W. W. (1991). The iron cage revisited: Institutional isomorphism and collective rationality in organizational fields. In P. J. DiMaggio and Powell, W. W. (Eds.). The new institutionalism in organizational analysis(pp.63-84). Chicago: The University of Chicago Press.

Drucker, P. (1988). The coming of the new organization, Harvard Business Review, 66, 45-53.

Duke, D. L. (1986). The aesthetics of leadership, Educational Administration Quarterly, 22, 7-27.

Dunlap, D. M. & Goldman, P. (1991). Rethinking power in schools, Educational Administration Quarterly, 27, 5-29.

Durkheim, E. (1933). The division of labor in society. New York: The Free Press.

Eden, D. (1984). Self-fulfilling prophecy as a management tool; Harnessing Pygmalion, Academy Management of Review, 9, 64-73.

Feldman, D. C. (1984). The development and enforcement of group norms, Academy of Management Review, 9, 47-53.

Fisher, A. (1979). Advisory committees: Does anybody want their advice? Educational Leadership, 37, 254-255.

Foster, C. (1984). Parents Advisory Councils, Principal, 64, 26-31.

Frederickson, H. G. & Hart, D. K. (1985). The public service and the patriotism of benevolence, Public Administration Review, 45, 547-554.

Friedlander, F. & Brown, L. D. (1974). Organizational development, Annual Review of Psychology, 25, 313-316, 320-331, 336-341.

Frost, P. J. et al. (1985). Organizational culture. Beverly Hills: Sage Publications.

Fry, B. (1989). Mastering public administration: From Max Weber to Dwight Waldo. Chatham: Chatham House Publishers, Inc.

Gardner, J. W. (1990). On leadership. New York: The Free Press.

Gersick, C. G. (1991). Revolutionary change theories: A multilevel exploration of the punctuated equilibrium paradigm, Academy of Management Review, 16, 10-36.

Glaser, B. & Strauss, A. (1967). The discovery of grounded theory. Chicago: Aldine.

Glickman, C. D. (1990). Pushing school reform to a new edge: The seven ironies of school empowerment. Phi Delta Kappan, 72, 68-75.

Golembiewski, R. T. (1992). Excerpts from "organization as a moral problem," Public Administration Review, 52, 95-98.

Goodman, P. S., Bazerman, M., and Conlon, E. (1980). Institutionalization of planned organizational change. Research in Organizational Behavior. Vol.2. (pp.215-246). JAI press Inc.

Gordon, G. G. (1991). Industry determinant of organizational culture, Academy of Management of Review, 16, 396-415.

Gulick, L. H. & Urwick, L. (Eds.). (1937). Papers on the science of administration. New York.

Hackman, J. R. & Oldham, G. R. (1973). Work redesign. Reading, Mass.: Addison-Wesley.

Hackman, J. R. & Walton, R. E. (1986). Leading groups in organizations. In P. S. Goodman (Ed.), Designing effective work groups. San Francisco: Jossey-Bass.

Hallinger, P. & McCary, C. E. (1990). Developing the strategic thinking of instructional leaders, The Elementary School Journal, 91, 89-108.

Hart, D. K. (1989). A partnership in virtue among all citizens: The public service and civic humanism, Public Administration Review, 49, 101-105.

Hayes, R. H. & Abernathy, W. T. (1980). Managing our way to economic decline, Harvard Business Review, 58, 67-76.

Hofstede, G. (1980). Motivation, leadership, and organization: Do American theories apply abroad?, Organizational Dynamics, 9, 42-63.

Hofstede, G. (1990). Measuring organizational cultures: A qualitative and quantitative study across twenty case, Administrative Science Quarterly, 35, 286-316.

Hooper-Briar, K. & Lawson, H. A. (1994). Serving children, youth and families through inter-professional collaboration and service integration: A frame of action.The Danforth Foundation and the Institute for Educational Renewal at Miami University.

House, R. J. & Baetz, M. L. (1979). Leadership: Some empirical generalizations and new research directions. In B. M. Staw (ed.), Research in organizational behavior, Vol.1. Greenwich, Conn.: JAI Press.

Hummel, R. P. (1987). The bureaucratic experience (3rd ed.). New York: St. Martin's Press.

Jick, T. D. (1979). Mixing qualitative and quantitative methods: triangulation in action, Administrative Science Quarterly, 24, 602-611.

Jones, G. R. (1983). Transaction costs, property rights, and organizational culture: An exchange perspective, Administrative Science Quarterly, 28, 454-467.

Kabanoff, B., Waldersee, R., and Cohen, M. (1995). Espoused values and organizational change themes, Academy of Management Journal, 38, 1075-1104.

Kanter, R. M (1982). Dilemmas of managing participation, Organizational Dynamics, 11, 5-27.

Kanter, R. M (1983). The change masters. New York: Simon & Schuster.

Kanter, R. M. (1972). Commitment and community. Cambridge, MA: Harvard University Press. Lafollete, W. R. & Sims, H. p.(1975). Is satisfaction redundant with organizational climate? Organizational Behavior and Human Performance, 13, 257-278.

Kanter, R. M. (1979). Power failure in management circuits, Harvard Business Review, 57, 65-75.

Katz, D. & Kahn, R. L. (1966). The social psychology of organizations. New York: John Wiley & Sons, Inc.

Kaufman, H. (1973). Administrative feedback: Monitoring subordinates' behavior. Washington: Brookings.

Kerlinger, F. N. (1973). Foundations of behavioral research. New York: Holt, Rinehart and Winton, Inc.

Kim, H. H. (1998). Structure, leadership, and culture in school-based management (SBM) schools. Unpublished Doctoral Dissertation, University of Southern University, Los Angeles.

Kouzes, J. M. & Posner, B. Z. (1987). The leadership challenge. San Francisco: Jossey-Bass Publishers.

Kuhn, T. S. (2nd. ed.). (1979). The structure of scientific revolutions. Chicago: University of Chicago Press.

Lawler, E. E., III. (1986). High-involving management. San Francisco; Jossey-Bass.

Lawler, E. E., Mohrman, S. A., and Ledford, G. E., Jr. (1992). Employee Involvement and total quality management: Practices and results in fortune 1000 companies. San Francisco: Jossey-Bass.

Lawless, M. W. & Moore, R. A. The interorganizational systems in public service delivery: A new application of the dynamic network framework. Unpublished manuscript.

Lawrence, P. R. & Lorsch, J. W. (1967). Organization and environment. Boston, Mass.: Division of Research, Graduate School of Business Administration, Harvard University.

Leithwood, K. A. (1992). The move toward transformational leadership, Educational Leadership, 49, 8-12.

Levy, A. (1986). Second-order planned change: Definition and conceptualization, Organizational Dynamics, 15, 4-20.

Lieberman, A. (1988). Expanding the leadership team, Educational Leadership, 45, 4-8.

Lieberman, A. & Miller, L. (1990). Restructuring schools: What matters and what works, Phi Delta Kappan, 72, 759-764.

Likert, R. (1967). The human organization. New York: McGraw-Hill.

Lipsky, M. (1980). Street-level bureaucracy. New York: Russel Sage Foundation.

Little, J. W. (1982). Norms of collegiality and experiment: Workplace conditions of school success, American Educational Research Journal, 19, 325-340.

Locke, E. A. & Schweiger, D. M. (1979). Participation in decision-making: One more look,Research in organizational behavior, 1, 265-339.

Louis, M. R. (1980). Surprise and sense-making: What newcomers experience and how they cope in entering unfamiliar organizational settings, Administratively Science Quarterly, 25, 226-251.

Louis, M. R. (1983). Organization as culture-bearing milieu. In Pondy, Frost, and Dandridge (eds.), Organizational symbolism (Greenwich, JAI Press, Inc.). p 35-51.

Lowi, T. J. (1992). The state in political science: How we become what we study, American Political Science Review, 86, 1-7.

Lucas, R. (1987). Political-cultural analysis of organizations, Academy of Management Review, 12, 144-156.

Malen, B. (1994). Enacting site-based management: A political utilities analysis, Educational Evaluation and Policy Analysis, 16, 249-267.

Malen, B. &Ogawa, R. T. (1988). Professional-patron influence on site-based governance councils: A confounding case study, Educational Evaluation and Policy Analysis, 10, 251-270.

Malen, B. & Ogawa, R. T. (1992) Site-based management: disconcerting policy issues, critical policy choices. In J. J. Lane and E. G. Epps (eds.). Restructuring the schools: problems and prospects. McCutchan Publishing Corporation.

Malen, B., Ogawa, R., and Kranz, J. (1990). What do we know about school-based management? A case study of the literature-A call for research. In W. H. Clune and J. F. Witte (Eds.), Choice and control in American education, Vol.2. (pp.289-342). Philadelphia: Falmer.

March, J. G. & Simon, H. A. (1958). Organizations. New York: John Wiley & Sons, Inc.

Martin, J. (1982). Stories and scripts in organizational settings. In A. H. Hastrof and A. M. Isen (eds.), Cognitive Social Psychology, 255-305.

Martin, J. & Siehl, C. (1983). Organizational culture and counterculture: An uneasy symbiosis, Organizational Dynamics, 12, 52-64.

Martin, J., Feldman, M. S., Hatch, M. J., and Sitkin, S. B. (1983). The uniqueness paradox in organizational stories, Administration Science Quarterly, 28, 438-453.

McCall, Jr., M. W. & Lombardo, M. M. (Eds.). (1978). Leadership: Where else can we go? N.C.: Duke University Press.

McGinn, N., & Street, S. (1986). Educational decentralization: Weak state or strong state? Comparative Education Review, 30, 471-490.

McGregor, D. (1985). The human side of enterprise. New York: McGraw-Hill.

McLaughlin, M. W. (1987). Learning from experience: Lessons from policy implementation, Educational Evaluation and Policy Analysis, 9, 171-178.

McLeese, P. (1991). The decentralization of conflicts and consensus: Salt Lake City Experience 1970-1985. Doctoral Dissertation, University of Utah, 1991.

McMillan, J. H. & Schumacher, S. (2nd ed.). (1989). Research in education. HarperCollinsPublishers.

Meek, V. L. (1988). Organizational culture: Origins and weaknesses, Organizational Studies, 9, 453-473.

Merton, R. K. (1957). Social theory and social structure. The Free press.

Meyer, J. W. & Rowan, B. (1977). Institutionalized organizations: Formal structure a myth and ceremony, American Journal of Sociology, 83, 340-363.

Meyer, J. W. & Rowan, B. (1978). The structure of educational organizations, In M. W. Meyer and Associates (eds.). Environments and organizations. San Francisco: Jossey-Bass, Inc.

Meyer, J. W., Scott, W. R., And Strang, D. (1987). Centralization, fragmentation, district complexity, Administratively Science Quarterly, 32, 186-201.

Michell, T. R. & Scott, W. G. (1987). Leadership failures, the distrusting public, and prospects of the administrative state, Public Administration Review, 47, 445-452.

Miles, M. B. & Huberman, A. M. (1994). Qualitative data analysis: An expanded sourcebook (2nd ed.). Thousands Oaks, CA: Sage Publications.

Miles, R. E. & Snow, C. (1978). Organization strategy, structure, and process. New York: McGraw-Hill.

Miller, K. I. & Monge, P. R. (1986). Participation, satisfaction, and productivity: A meta-analytic review, Academy of Management Journal, 29,

727-753.

Miller, L. & Lieberman, A. (1982). School leadership between cracks, Educational Leadership, 39, 362-367.

Mitchell, D. E. (1989). Measuring up: Standards for evaluating school reform. In T. J. Sergiovanni and J. H. Moore (Eds.), Schooling for Tomorrow (pp.40-61). Boston: Allyn and Bacon.

Mitroff, I. I. & Pondy, L. R. (1978). Afterthoughts on the leadership conference. In M. W. McCall, Jr., and M. M. Lombardo (eds.), Leadership: Where else can we go? (pp.87-99). N.C.: Duke University Press.

Mohrman, S. A. & Wohlstetter, p.(1994). Understanding and managing the change process. In S. A. Mohrman, P. Wohlstetter, and Associates, School-Based management: Organizing for high performcance (pp.253-268). San Francisco: Jossey-Bass Publishers.

Mohrman, S. A., Lawler III, E. E., and Mohrman, Jr., A. M. (1992). Applying employee involvement in schools, Educational Evaluation and Policy Analysis, 14, 347-360.

Morey N. C. & Luthans, F. (1984). An emic perspective and ethnoscience methods for organizational research, Academy of Management Review, 9, 27-36.

Morgan, G. (1981). The schismatic metaphor and its implication for organizational analysis, Organizational Studies, 2, 23-44.

Moyer, B. (1993). Healing and the mind. (Audio Book)

Nadler, D. A. & Lawler, III. E. E. (1983). Quality of work life: Perspectives and directions, Organizational Dynamics, 12, 20-30.

Nadler, D. A. & Tushman, M. (1984). A congruence model for diagnosing organizational behavior. In a David A., Kolb, Irwin M.,Rubin, and James M. McIntyre (4th ed.). Organizational psychology: Readings on human behavior in organizations. Englewood Cliffs, NJ: Prentice-Hall, Inc.

Newmann, F. M. (1991). Linking restructuring to authentic student achievement, Phi Delta Kappan, 72, 458-463.

Nickerson, N. C. (1980). The principalship revisited······ again, NASSP Bulletin, 45-50.

Ogawa, R. T. & White, P. A. (1994). School-Based management: An overview. In S. A. Mohrman, P. Wohlstetter, and Associates, School-Based management: Organizing for high performance (pp.53-80). San Francisco: Jossey-Bass Publishers.

Olson, M. (1965). The logic of collective action. Cambridge, Mass.: Harvard University Press.

Ornstein, A. C. (1983). Redefining parent and community involvement, Journal of Research and Development in Education, 16, 37-45.

Ornstein, A. C. (1983). Redefining parent and community involvement, Journal of Research and Development in Research, 16, 487-516.

Ostrom, E. (1990). Governing the Commons. New York: Cambridge University Press.

Ott, J. S. (1989). The organizational culture perspective. Chicago: The Dorsey Press.

Ouchi, G. G. (1979). A conceptual framework for the design of organizational control Mechanisms, Management Science, 25, 833-848.

Ouchi, W. G. & Johnson, J. B. (1978). Types of organizational control and their relationship to emotional well-being, Administratively Science Quarterly, 23, 293-317.

Ouchi, W. G. (1980). Markets, bureaucracies, and clans. Administratively Science Quarterly, 25, 129-141.

Ouchi, W. G. (1981). Theory Z. Reading, MA: Addison-Wesley.

Ouchi, W. G. & Wilkins, A. L. (1985). Organizational culture, Annual Review of Sociology, 11, 457-483.

O'Reilly, C. (1989). Corporations, culture, and commitment: Motivation and Social control in organizations, California Management Review, 32, 9-25.

O'Reilly, C. & Chatman, J. (1986). Organizational commitment and psychological attachment: The effects of compliance, identification and internalization on prosocial behavior, Journal of Applied Psychology, 71, 492-499.

Parks, D. & Barrett, T. (1994). Principals as leaders of leaders, Principal, 74, 11-12.

Patton, M. Q. (1987). How to use qualitative methods in evaluation. Newbury Park: Sage Publications.

Perkins, D. & Blythe, T. (1994). Putting understanding up front, Educational Leadership, 51, 4-7.

Perry, J. L. & Porter, L. W. (1982). Factors affecting the context for motivation in public organizations, Academy of Management Review, 7, 89-98.

Peters, T. J. (1978). Symbols, patterns, and settings: An optimistic case for getting things done, Organizational Dynamics, 7, 3-23.

Peters, T. J. (1988). Restoring American competitiveness: Looking for new models of organizations, Academy of Management Executive, 2, 103-109.

Peters, T. J. & Waterman Jr., R. H. (1982). In search of excellence. New York: Harper & Row, Publishers.

Pettigrew, A. M. (1979). On studying organizational cultures, Administration Science Quarterly, 24, 570-581.

Pettigrew, A. M. (1990). Organizational climate and culture: two constructs in search of a role. In B. Schneider (ed.). Organizational climate and culture (pp.153-192). San Francisco: Jossey-Bass Publishers.

Pfeffer, J. (1976). Beyond management and the worker: The institutional function of management, Academy of Management Review, 1, 336-46.

Pfeffer, J. (1977). Power and resource allocation in organizations. In B. M. Staw and G. R. Salancik (eds.). New directions in organizational behavior (pp.235-265). Chicago: St. Clair Press.

Pfeffer, J. (1977). The ambiguity of leadership. Academy of Management Review, 2, 104-112.

Pfeffer, J. (1981). Management as symbolic action: The creation and maintenance of organizational paradigms. In L. L. Cummings and Barry M. Staw (eds.), Research in organizational behavior, Vol.12. Durham,

N.C.: Duke University Press.

Pfeffer, J. & Salancik, G. R. (1978). The external control of organizations: Resource dependence perspective. New York: Harper and Row.

Pondy, L. R. (1978). Leadership is a language game. In M. W. McCall, Jr., and M. M. Lombardo (eds.), Leadership: Where else can we go? (pp.87-99). N.C.: Duke University Press.

Pondy, L. R. & Mitroff, I. I. (1979). Beyond open system models of organization. In B. Staw (ed.), Research in organizational behavior. Vol.1 (pp.3-39). Greenwich, Conn: JAI Press, Inc.

Popper, K. R. (1966). The open society and its enemies (6th ed.). Princeton: Princeton University Press.

Porras, J. I. & Hoffer, S. J. (1986). Common behavior changes in successful organizational development, Journal of Applied Behavioral Science, 22, 477-494.

Porras, J. I. & Robertson, P. J. (1987). Organizational development theory: A typology and evaluation, In R. W. Woodman and W. A. Pasmore (eds.), Research in Organizational Change and Development, Vol.1. Greenwich, CT: JAI Press.

Porras, J. I. & Robertson, P. J. (1990). Organizational development: Theory, practice, and research. In M. Dunnette and Hoogh (Eds.), (2nd ed.). Handbook of Industrial & Organizational Psychology. Vol.3. (pp.719-822), Palo Alto, CA: Consulting Psychological Press······

Porras, J. I. & Silvers, R. C. (1991). Organizational development and transfo-rmation, Annual Review of Psychology, 42, 51-78.

Porter, L. W. & Lawler, E. E. (1965). Properties of organization structure in relation to job attitudes and job behavior, Psychological Bulletin, 64, 23-51.

Posner,B. Z. & Schmidt, W. H. (1984). Values and the American manage: An Update, Calfornia Management Review, 26, 202-216.

Powell, W. W. (1990). Neither market nor hierarchy: Network forms of orga-nization. In B. Staw and L. L. Cummings (eds.). Research in Organizational Behavior. Vol.12. P295-336. Greenich, Conn.: JAI Press.

Purkey S. C. (1990). School-Based management: More and less than meets the eye. In W. H. Clune and J. F. Witte (Eds.), Choice and control inAmerican education. Vol.2. (pp.289-342). Philadelphia: Falmer.

Purkey, S. C. & Smith, M. S. (1983). Effective schools: A review, The Elementary School Journal, 83, 427-452.

Quinn, R. E. (1988). Beyond rational management. San Francisco, CA: Jossey-Bass Publishers.

Rallis, S. F. & Highsmith, M. C. (1986). The myth of the 'great principal': Questions of school management and instructional leaderhsip, Phi Delta Kappan, 68, 300-304.

Reich, R. B. (1987). Entepreneurship reconsidered: the team as hero, Harvard Business Review, 65, 77-83.

Reitzug, U. C. (1992). Self-managed leadership: An alternative school gpvernance structure, The Urban Review, 24, 133-147.

Robertson, P. J. (1992). School decentralization: A study of the attitudes and behaviors of school-level decision makers.Presented at the Association for Public Policy Analysis and Management. Oct. 29.

Robertson, P. J. (1995). Improving school quality through school-based management: A theoretical model of the process of change. In R. T. Ogawa (Ed.), Advances in Research and Theories of School management and Educational Policies (pp.223-271), Vol.3. Greenwich, CT: JAI Press.

Robertson, P. J. (1995). Involvement in boundary-spanning activity: Mitigating the relationship between work setting and behavior, Journal of Public Administration Research and Theory, 5, 73-98.

Robertson, P. J. & Briggs, K. L. (1995). The Impact of school-based management on educators' role attitudes and behaviors. Presented at the American Educational Research Association Annual Meeting. April 20.

Robertson, P. J. and Briggs, K. L. Improving schools through school-based management: An examination of the process of change. School Effectiveness and School Improvement. (forthcoming)

Robertson, P. J. & Tang, S. Y. (1995). The role of commitment in collective action: Comparing the organizational behavior and rational choice perspectives, Public Administration Review, 55, 67-80.

Robertson, P. J., Wohlstetter, P., and Mohman, S. A. (1995). Generating curriculum and instructional innovations through school-based management. Educational Administration Quarterly, 31, 375-404.

Rousseau, D. M (1990). Assessing organizational culture: the case for multiple methods. In B. Schneider (ed.). Organizational climate and culture (pp.153-192). San Francisco: Jossey-Bass Publishers.

Saffold, III. G. S. (1988). Culture traits, strength, and organizational performance: Moving beyond "strong" culture, Academy of Management Review, 4, 546-558.

Sagor, R. D. (1992). Three principals who make a difference, Educational leadership, 50, 13-18.

Salancik, G. R. & Pfeffer, J. (1977). Who gets power-and how they hold onto it: A strategic contingency model of power, Organizational Dynamics, 5, 3-21.

Salancik, G. R. & Pfeffer, J. (1978). A social information processing approach to job attitudes and task design, Administratively Science Quarterly, 23, 224-253.

Saphier, J. & King, M. (1985). Good seeds grow in strong cultures, Educational Leadership, 42, 67-74.

Sathe, V. (1985). How to decipher and change corporate culture. In R. H. Kilmann, M. J. Saxton, R. Serpa, and Associates. (Eds.). Gaining control of corporate culture (pp.230-161). San Francisco: Jossey-Bass Publishers.

Schein, E. H. (1969). The mechanism of change. In W. G. Bennis, K. D. Benne, and R. Chin (Eds.), The planning of change(2nd. Ed.). (pp.98-106). New York: Holt, Rinehart and Winston, Inc.

Schein, E. H. (1981). SMR: Does the Japanese management style have a message for American managers? Sloan Management Review, 55-68.

Schein, E. H. (1983). The role of the founder in creating organizational culture, Organizational Dynamics, 12, 13-28.

Schein, E. H. (1985). Organizational culture and leadership. San Francisco: Jossey-Bass.

Schein, E. H. (1990). Organizational culture, American Psychologist, 145, 109-119.

Schmoker, M. & Wilson, R. B. (1993). Transforming schools through total quality education, Phi Delta Kappan, 75, 389-395.

Schwartz, H. & Davis, S. M. (1981). Matching corporate culture and business strategy, Organizational Dynamics, 10, 30-48.

Scott, W. R. (1975). Organizational structure, American Review of Sociology, 1, 1-25.

Scott, W. R. (1981). Organizations: Rational, natural, and open Systems. Englewood Cliffs: Prentice-Hall, Inc.

Selznick, P. (1949). TVA and the grass roots. Berkeley.

Selznick, P. (1957). Leadership in administration: A sociological interpretation. New York: Harper & Row.

Sergiovanni, T. J. (1982). Ten principles of quality leadership, Educational Leadership, 40, 330-336.

Sergiovanni, T. J. (1990). Adding value to leadership gets extraordinary results, Educational Leadership, 48, 23-27.

Sergiovanni, T. J. (1990). Adding value to leadership gets extraordinary results, Educational Leadership, 48, 23-27.

Sergiovanni, T. J. (1991). The principalship (2nd ed.). Boston, NY: Allyn and Bacon.

Sergiovanni, T. J. (1994). The roots of school leadership, Principal, 74, 6-9.

Siehl, C. & Matin, J. (1990). Organizational culture: a key to finantial performance. In B. Schneider (ed.). Organizational climate and culture (pp.241-281). San Francisco: Jossey-Bass Publishers.

Siehl, C. & Martin, J. (1984). The role of symbolic management: How can managers effectively transmit organizational culture. In J. G. Hunt and others (Eds.). Leaders and managers: International perspectives on managerial behavior and leadership(pp.227-239). New York: Pergamon Press.

Singer, J, N. (1974). Participative decision-making about work: An overdue look at variables which mediates its effects, Sociology of Work and Occupations, 1, 347-371.

Smircich, L. (1983). Concept of culture and organizational analysis, Administrative Science Quarterly, 28, 339-358.

Smith, A. [1776] (1976). The wealth of nations. Chicago: The University of Chicago Press.

Snyder, N. H. Dowd, J. J. Jr., Houghton, D. M (1994). Vision, Values and Courage. NewYork: The Free Press.

Staw, B. M. (1984). Organizational behavior: A review and reformulation of the field's outcome variables, Annual Review of Psychology, 35, 627-666.

Staw, B. M. & Ross, J. (1985). Stability in the midst of change: A dispositional approach to job attitudes, Journal of Applied Psychology, 70, 469-480.

Swanson, A. D. (1989). Restructuring educational governance: A challenge of the 1990s, Educational Administrative Quarterly, 25, 268-293.

Tannenbaum, R. & Schmidt, W. H. (1958). How to choose a leadership pattern, Harvard Business Review, 36, 95-101.

Taylor, F. W. (1911). The principles of scientific management. New York.

Thompson, J. D. (1967). Organizations in action. New York: McGraw-Hill.

Tichy, N. M. (1983). Managing strategic change: technical, political, and cultural dynamics. New York: John Wiley & Sons.

Tichy, N. M. & Devanna, M. A. (1986). The transformational leader. New York: Wiley.

Trice, H. M. & Beyer, J. M. (1984). Studying organizational cultures through rites and ceremonials, Academy of Management Review, 9, 653-669.

Turner, B. S. (1990). Theories of modernity and postmodernity. London: Sage Publications.

Tyack, D. B (1974). The one bests system: A history of American urban education. Cambridge. MA: Harvard University Press.

Tyack, D. B. (1990). "Restructuring" in historical perspective: Tinkering toward utopia, Teachers College Records, 92, 170-191.

Van Maanen, J. & Schein, E. H. (1979). Toward a theory of organizational socialization, In Research in Organizational Behavior (pp.209-264.). JAI Press, Inc.

Vroom, V. (1969). Industrial social psychology. In G. Lindzey and E. Aronson (eds.), Handbook of social psychology, Reading, Mass.: Addison-Wesley.

Waldo, D. (1948). The administrative state. New York: Ronald Press.

Waldo, D. (1961). Organization theory: An elephantine problem, Public Administration Review, 21, 210-225.

Waldo, D. (1980). The enterprise of public administration: A summery view. Novato: Chandler & Sharp Publishers, Inc.

Walton, R. E. (1975). The diffusion of new work structures: Explaining why success didn't take, Organizational Dynamics, 4, 3-21.

Walton, R. E. (1985). From control to commitment in the workplace, Harvard Business Review, 63, 67-74.

Watson, G. (1969). Resistance to change. In W. G. Bennis, K. B. Kenneth, and R. Chin (Eds.), The planning of change (pp.488-498). (2nd ed.). New York: Holt, Rinehart and Winston, Inc.

Weatherley, R. W. & Ripsky, M. (1977). Street-level bureaucrats and institutional innovation: Implementing special education reform, Harvard Educational Review, 47, 171-197.

Weber, M. (1946). From Max Weber: Essays in sociology (Gerth and Mills Trans.). Oxford.

Weick, K. E. (1969). The Social psychology of organizing. Reading, Mass.: Addison-Wesley.

Weick, K. E. (1976). Education organizations as loosely coupled systems, Administratively Science Quarterly, 21, 1-19.

Wiener, Y. (1988). Forms of value systems: A focus on organizational effectiveness and cultural change and maintenance, Academy of Management Review, 13, 534-545.

Wilkins, A. L & Ouchi, W. G. (1983). Efficient cultures: Exploring the relationship between culture and organizational performance. Administratively Science Quarterly, 28, 468-481.

Wohlstetter, P. & Mohrman, S. A. (1994). Establishing the conditions for high performance. In S. A. Mohrman, P, Wohlstetter, and Associates, School-Based Management (pp.165-183). San Francisco: Jossey-Bass Publishers.

Wohlstetter, P. & Odden, A. (1992). Rethinking school-based management policy and research, Educational Administratively Quarterly, 28, 529-549.

Wohlstetter, P. & Smyer, R. (1994). Models of high performing schools. In S. A. Mohrman, P, Wohlstetter, and Associates, School-Based Management (pp.181-107). San Francisco: Jossey-Bass Publishers.

Wohlstetter, P. & McCurdy, K. (1991). The link between school decentralization and school politics, Urban Education, 25, 391-414.

Wohlstettter, P. & Briggs, K. (1994). The principal's role in school-based management, Principal, 74, 14-17.

Wohlstetter, P., Van Kirk, A. N. Robertson, P. J., and Mohrman, S. A. (1997). Organizing for successful school-based management. Alexandria, VA: Association for Supervision and Curriculum Development.

Yin, R. K. (1994). Case study research (2nd Ed.). Thousand Oaks: Sage Publications.

Zammuto, R. F. &Krakower, J. Y. (1991). Quantitative and qualitative studies of organizational culture. In R. W. Woodman and W. A. Pasmore (Eds.), Research in Organizational Change and Development (pp.83-114): Vol.5. Creenwich: JAI Press Inc.

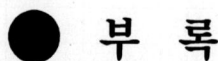 부 록 ●

부록 A: 표 A-1 변수와 차원의 코딩 결과

<코딩 순위 H: 높음 M: 중간 L: 낮음>

학교	교육구	교육구 리더십	비전	몰입	팀	개인	기회	동료애	학습	개혁의 성공
1	A	H	H	H	H	H	H	H	H	
2	B	H	H	H	H	H	H	H	H	
3	C	H	H	H	H	H	H	H	H	H
4	C	H	H	H	H	H	H	H	H	H
5	D	H	H	H	H	H	H	H	H	H
6	D	H	H	H	H	H	H	H	H	H
7	E	H	H	H	H	H	H	H	H	H
8	F	H	H	H	H	H	H	H	H	H
9	G	H	H	H	H	H	H	H	H	
10	D	M	H	H	H	H	H	H	H	
11	G	H	H	H	H	H	M	H	H	H
12	H	H	H	H	H	M	H	H	M	
13	I	L	H	H	H	M	M	H	H	
14	J	M	M	M	M	M	M	M	H	
15	E	M	M	M	M	M	M	M	M	
16	E	M	M	M	M	M	M	L	M	H
17	C	M	M	M	M	L	M	M	M	H
18	A	M	M	M	L	M	M	M	M	
19	K	L	L	M	M	M	L	M	M	
20	J	L	M	L	M	L	M	L	M	
21	E	M	M	L	M	L	M	M	L	L
22	D	L	M	L	L	M	L	M	M	H
23	G	L	L	M	M	L	L	M	L	
24	D	M	L	L	M	M	L	L	M	
25	E	M	L	L	M	L	L	M	L	L
26	K	M	L	L	L	M	L	L	M	L
27	D	L	L	L	L	L	M	L	L	
28	I	L	L	L	L	L	L	M	M	
29	B	H	L	L	L	L	L	L	L	
30	C	H	L	L	L	L	L	L	L	L

부록 A: 표 A-2 학교 리더십과 학교문화 / 학교 문화와 개혁의 성공 교차표

Matrix 1

		비 전		
		높음	중간	낮음
동료애	높음	13	0	0
	중간	0	6	4
	낮음	0	2	5

Matrix 2

		비 전		
		높음	중간	낮음
학습	높음	12	2	
	중간	1	5	4
	낮음	0	1	5

Matrix 3

		몰 입		
		높음	중간	낮음
동료애	높음	13	0	0
	중간	0	7	3
	낮음	0	1	6

Matrix 4

		몰 입		
		높음	중간	낮음
학습	높음	12	2	0
	중간	1	4	5
	낮음	0	2	4

Matrix 5

		팀		
		높음	중간	낮음
동료애	높음	12	1	0
	중간	0	7	3
	낮음	0	3	4

Matrix 6

		팀		
		높음	중간	낮음
학습	높음	12	2	0
	중간	0	6	4
	낮음	0	3	3

Matrix 7

동료애		개 인		
		높음	중간	낮음
	높음	11	2	0
	중간	0	5	5
	낮음	1	2	4

Matrix 8

학습		개 인		
		높음	중간	낮음
	높음	13	3	0
	중간	2	5	3
	낮음	0	0	6

Matrix 9

동료애		기회		
		높음	중간	낮음
	높음	11	2	0
	중간	0	5	5
	낮음	0	3	4

Matrix 10

학습		기회		
		높음	중간	낮음
	높음	10	1	0
	중간	4	4	5
	낮음	0	1	5

Matrix 11

개혁의 성공		동료애		
		높음	중간	낮음
	높음	7	1	1
	낮음	0	3	2

Matrix 12

개혁의 성공		학 습		
		높음	중간	낮음
	높음	8	1	0
	낮음	0	2	3

부록 B: 변수 코딩 범주, 질문, 그리고 가능한 응답
(Variable Coding Categories, Questions, and Possible Responses)

개발 리더십 (Developmental School Leadership)

비　전(Vision)

1. 리더들이 학교를 위한 비전을 개발하기 위하여 어느 정도의 활동을 하였는가? (높음-중간-낮음)
2. 학교의 목표와 목적이 비전에 어느 정도 연결되어 있나? (높음-중간-낮음)
3. 리더는 구체적 활동이 비전에 연결되어 있거나 연결될 수 있다는 것을 어느 정도 명확히 하는가? (높음-중간-낮음)

몰　입(Commitment)

1. 리더가 비전과 가치를 의사전달 하는 정도는? (높음-중간-낮음)
2. 리더는 비전을 지지하는 조직 문화를 만들기 위하여 어느 정도 도움을 주는가? (높음-중간-낮음)
3. 리더의 행동은 비전과 어느 정도 일치하는가? (높음-중간-낮음)

팀(Teams)

1. 팀이 학교의 공식적 통치 구조에 설치되어 있는 정도는? (높음-중간-낮음)
2. 리더는 팀을 어느 정도 효과적으로 활용하는가? (높음-중간-낮음)
3. 학교의 여러 팀과 그룹 간의 조정이 어느 정도 효과적으로 이루

어지고 있는가? (높음-중간-낮음)

개   인(Individuals)

1. 리더는 다른 사람의 능력에 대한 신뢰를 어느 정도 보여주고 있는가? (높음-중간-낮음)
2. 리더가 책임을 다른 사람에게 위임하는 정도는? (높음-중간-낮음)
3. 리더가 이해관계자의 기술과 능력을 개발하기 위하여 어느 정도 노력하는가? (높음-중간-낮음)
4. 리더는 코치나 멘토 역할을 어느 정도 담당하고 있나? (높음-중간-낮음)

기   회(Opportunities)

1. 리더는 구성원들이 업무를 수행하는데 필요한 자원을 어느 정도 제공하는가? (높음-중간-낮음)
2. 리더는 어느 정도 효과적으로 자원을 조정하고 이용하고 있는가? (높음-중간-낮음)
3. 리더는 어느 정도 안전하고, 질서 있고, 그리고 안정적인 학교 환경을 만들어 주고 있는가? (높음-중간-낮음)
4. 조직의 설계와 행정 구조가 구성원의 성과에 어느 정도 장애가 되고 있는가? (높음-중간-낮음)
5. 리더는 학교의 재량권과 자율성을 높이기 위해 어느 정도 교육구와 협상하고 일을 하는가? (높음-중간-낮음)
6. 리더는 교육구와의 관계를 개발하는데 어느 정도 효과적인가? (높음-중간-낮음)

학교 문화 (School Culture)

동료애(Collegiality)

1. 학교의 의사 결정자들은 서로를 위하여 어느 정도 돌보는가? (높음-중간-낮음)

2. 학교의 의사 결정자들은 어느 정도 상호 신뢰하는가? (높음-중간-낮음)

3. 학교의 의사 결정자들은 교육과 학습에 있어서 어느 정도 상호 협력하는가?(높음-중간-낮음)

4. 학교의 의사결정자들은 학교에서 어느 정도의 공동체 의식을 가지고 있는가? (높음-중간-낮음)

학 습(Learning)

1. 학교는 학교의 역할에 대하여 새로운 이해를 요구하는 새로운 실천적 활동들에 대하여 어느 정도 수용적인가? (높음-중간-낮음)

2. 학교는 학교의 성취에 관한 데이터를 어느 정도 수집하는가? (높음-중간-낮음)

3. 학교는 수집된 정보를 지역사회에 어느 정도 분배하는가? (높음-중간-낮음)

4. 학교는 학교 향상 노력을 안내하기 위해 수집된 정보를 어느 정도 이용하는가? (높음-중간-낮음)

5. 학교는 학교의 성과를 다른 학교와 어느 정도 비교하는가? (높음-중간-낮음)

김흥회(金興會)

동국대학교 졸업 (도시행정학사)
동국대학교 대학원 (행정학 석사)
미국 Eastern Washington University 대학원 졸업(행정학 석사)
미국 University of Southern California 행정 대학원 (School of Public Administra-
    tion) 졸업 (행정학 박사)
경주시 행정서비스헌장 심의 위원
지방재정심의위원회 위원 역임
현재 동국대학교 (경주캠퍼스) 행정학과 부교수
저서로는 교수교육업적평가제도: 한미 2개 대학 사례비교, 비교교육연구, 2005
학교단위책임경영제를 통한 단위학교의 책임성 확보: 미국의 사례와 한국에의 시사점,
    교육행정학연구, 2004 외 다수 논문

학교자치경영

• 초판 인쇄	2007년 2월 28일
• 초판 발행	2007년 2월 28일
• 지 은 이	김홍회
• 펴 낸 이	채종준
• 펴 낸 곳	한국학술정보㈜
	경기도 파주시 교하읍 문발리 526-2
	파주출판문화정보산업단지
	전화 031) 908-3181(대표) · 팩스 031) 908-3189
	홈페이지 http://www.kstudy.com
	e-mail(출판사업팀사업부) publish@kstudy.com
• 등 록	제일산-115호(2000. 6. 19)
• 가 격	13,000원

ISBN   978-89-534-6386-8 93370 (Paper Book)
       978-89-534-6387-5 98370 (e-Book)